1

Luigi Agostini

Creare Paesaggi Sonori

1ª edizione, Agosto 2007

© copyright 2007 by Luigi Agostini
ISBN 978-1-84799-899-6

Sommario

Creare Paesaggi Sonori:

Creare Paesaggi Sonori:
Che cos'è un paesaggio sonoro?

Il suono esiste soltanto perché il nostro cervello, attraverso il suo sistema uditivo, lo sa ascoltare, filtrare, riconoscere, ricordare e forse, infine, capire. Che rumore fa un onda del mare che s'infrange sulla scogliera quando non c'è nessuno ad ascoltarla? L'esistenza ed il significato di un suono, quindi, sono impressioni soggettive. Ma allo stesso tempo, alcuni suoni hanno lo stesso significato per molte persone, anche se queste sono di paesi, tradizioni e culture diverse. La stessa sorte tocca anche a molte composizioni musicali, riconosciute come opere d'arte a livello mondiale. Un paesaggio sonoro, inteso come composizione di vari suoni nello stesso ambiente, è quindi un opera d'arte, per tutti comprensibile, ma godibile... soltanto per chi possiede un'estetica del paesaggio sonoro.

Il Soundscape[1] (paesaggio sonoro), secondo R. Murray Schafer che ha usato il termine per primo, coincide spesso con l'ambiente acustico in cui viviamo, ed è quindi, per citare le sue parole, "l'insieme dei suoni ovunque ci troviamo". Per lui tutti i suoni del mondo riproducono incessantemente la più grande sinfonia mai composta, e che (si spera) mai avrà fine. Vi consiglio caldamente la lettura del suo splendido libro "Il Paesaggio Sonoro" Ricordi-LIM, vi troverete tutto ciò che tralascerò di approfondire in questa sede. Gli argomenti che mi accingo a trattare in questo libro sono la diretta conseguenza, trent'anni dopo, delle teorie esposte da Schafer e del suo inestimabile lavoro pratico di ricerca e composizione.

[1] *R. Murray Schafer, The Tuning of the World, McLelland and Stewart Limited, Toronto, 1977. Traduzione italiana di Nemesio Ala, Il paesaggio sonoro, Ricordi - Lim, Lucca, 1985 p. 285.*

Quando nel 1996 cominciai ad interessarmi alla spazializzazione del suono intesa come simulazione del posizionamento o dello spostamento di una o più sorgenti audio in un ambiente dato, mi meravigliai subito di come non fosse troppo considerata la componente tridimensionale di tali simulazioni. Eppure l'ambiente in cui viviamo, per il nostro udito, è un paesaggio sonoro tridimensionale in costante cambiamento.

Il primo software da me ideato per la realizzazione pratica dei paesaggi sonori, si chiamava E.A.S.Y., acronimo di Expandable Audio Spatialization sYstem, ed era basato su di un interfaccia utente, in OpenGL, che permetteva il disegno e la rappresentazione tridimensionale delle traiettorie da simulare. Quando nel 1999 cominciai a collaborare con il mio amico Umberto Zanghieri, della ZP Engineering di Roma, ingegnere specializzato in elaborazione digitale dei segnali (DSP), capii che finalmente avevo trovato qualcuno che stava percorrendo la mia stessa strada, in modo parallelo e complementare. I precedenti prototipi dell'hardware che sognavo da tempo, diedero i loro geni per la creazione della X-spat boX, che, nella sua seconda incarnazione con interfaccia utente da pannello in due unità rack, rappresenta il "cuore" della mia filosofia di lavoro (vedi capitoli 4 e 5). Adesso che l'audio 3D multicanale ed il surround rappresentano per tutti la tendenza da seguire, sento il bisogno di comunicare agli altri la mia esperienza personale, sperando di tutto cuore che possa aiutare chi, come me, ama questo lavoro.

Il paesaggio sonoro che ci circonda è sempre tridimensionale e "dinamico". Noi avvertiamo continuamente le infinite vibrazioni che lo costituiscono, non possiamo fare più di tanto per evitarlo. Possiamo comunque modificare il paesaggio, ed interagire con esso; ovviamente in modo più o meno creativo, visto e considerato che di solito lo facciamo ma non ce ne rendiamo neanche conto. I suoni che ci circondano abitualmente, influenzano la nostra esistenza, nel bene e nel male.

L'inquinamento acustico nelle nostre città, sta salendo vertiginosamente fino a dei livelli dannosi per la nostra salute, e sempre più raramente riusciamo a passare un pò di tempo in ambienti con un rapporto tra segnale e rumore che ci consenta di apprezzare in silenzio la nostra voce interiore, il suono dei nostri pensieri. Potete verificare queste affermazioni recandovi in montagna, in campagna od in riva al mare, lontani dalle città o dalle località turistico balneari. Il paesaggio sonoro che vi circonderà, se abbasserete la guardia per un momento "aumentando" la sensibilità del vostro udito sino ad avvertire le vibrazioni positive della natura (i suoni della natura), cambierà in qualche modo il vostro umore, la condizione del vostro sistema nervoso. Elaborando queste vibrazioni unitamente alle sensazioni che ci comunicano gli altri quattro sensi che possediamo, arriviamo talvolta a vivere delle vere e proprio esperienze estetiche e quando non siamo così fortunati, abbiamo comunque la stupenda sensazione di sentirci vivi...

Dobbiamo imparare ad essere più esigenti nei confronti dei paesaggi sonori nei quali dobbiamo vivere la nostra vita di tutti i giorni. Dobbiamo educare il nostro udito, ricercando continuamente il meglio in fatto di musica e rumore, meno chiacchiere inutili, "musichette" commerciali e rumore rosa, più quiete per riflettere, musica nuova dal punto di vista formale ed armonico e rumore "poetico". La differenza tra il ruggito del mare mosso che si infrange sulla scogliera ed un accordo di chitarra elettrica modulato con la leva, in fondo è solo una questione d'interpretazione e di contesto artistico...

Ma torniamo a parlare dei nostri sensi. Nel processo di localizzazione di un suono da parte del nostro cervello, la vista riveste un ruolo molto importante anche se non fondamentale. Abbiamo l'impressione che un suono provenga da una parte, la nostra memoria ci dice che potrebbe essere un tuono, guardiamo da quella parte e soltanto quando vediamo il classico lampo di luce siamo perfettamente certi che di un tuono si trattava. Risultano subito evidenti le analogie ed integrazioni tecniche possibili tra le arti visive e la spazializzazione del suono, questa nuova evoluzione dell'arte musicale, un ampliamento della stessa volto ad includere nel novero dei suoni utilizzabili anche il rumore.

La spazializzazione di una o più sorgenti audio consiste nella simulazione di un paesaggio sonoro tridimensionale. All'interno del paesaggio, una vera e propria "scena" da ascoltare, le sorgenti assumeranno una posizione virtuale rispetto all'ascoltatore e potranno anche "muoversi" intorno a lui più o meno velocemente.

Vediamo come. Le sorgenti audio vengono prima elaborate digitalmente utilizzando dinamicamente i parametri di vari algoritmi ed il risultato di tale elaborazione viene poi riprodotto per mezzo di un sistema di casse acustiche. Questi sono i tratti comuni di tutte le tecnologie più o meno utilizzate, in pratica, per realizzare paesaggi sonori. Le tipologie di algoritmi, il numero e la disposizione delle casse acustiche (ed in alcuni casi anche la loro conformazione) sono le variabili che distinguono un sistema per la spazializzazione da un sistema surround od un codificatore per l'ascolto in cuffia. Un sistema per la spazializzazione audio, permetterà sempre la libera disposizione delle casse acustiche nell'ambiente che ospiterà il "soundscape" ed utilizzerà algoritmi di psico-acustica, permettendo così l'apprezzamento della simulazione in qualsiasi punto del paesaggio sonoro. La maggior parte dei sistemi per il cinema, lo home theatre ed i videogiochi, sono purtroppo ottimizzati soltanto per un ascoltatore posto al centro dell'ambiente da spazializzare, e questo riduce non poco l'utilizzabilità di questi sistemi in applicazioni diverse, come gli spettacoli dal vivo o le installazioni artistiche. Analizzeremo nei capitoli successivi alcune soluzioni al problema che sono state proposte in questi ultimi anni.

Ma cos'è l'audio tridimensionale (3D) in pratica e come possiamo riprodurlo in un dato ambiente? Ci troviamo sulla soglia del ventunesimo secolo ed, ancora, il sistema migliore per simulare la provenienza di un suono da un certo punto dello spazio è posizionare una cassa acustica in quel punto. Ma se avessimo bisogno di "muovere" virtualmente il suono, cioè simulare il cambiare nel tempo della posizione del punto di provenienza? Accontentandoci di una qualità inferiore, potremmo posizionare due casse ai lati del punto e far muovere il suono lungo una linea immaginaria tracciata tra i due estremi delimitati dalle casse, utilizzando un semplice algoritmo basato sulle variazioni di volume del suono stesso (panning stereo).

E se volessimo "muovere" il suono su di un piano, simulare quindi degli spostamenti bi-dimensionali? Tralasciando alcuni sistemi basati su algoritmi di psico-acustica, che riescono a dare una sensazione di "allargamento del panorama stereo" ma sono limitati dal numero di casse in uscita o dall'uso di una cuffia stereo, potremmo utilizzare uno dei tanti standard proposti dalla Dolby. Questi standard, se da un lato hanno avuto l'indubbio merito di aver diffuso l'uso di un numero di casse maggiore di due nel mondo e creato degli utilissimi algoritmi di codifica come l'AC3[2], ad esempio, dall'altro lato, in sintesi, propongono essenzialmente una moltiplicazione delle linee immaginarie suddette, utilizzando due o più immagini stereofoniche "aiutate" sulle frequenze più basse da una cassa dedicata denominata sub-woofer.

Ma l'ambiente in cui viviamo, per il nostro udito, è un paesaggio sonoro tridimensionale in costante cambiamento, come abbiamo detto. Se vogliamo creare una simulazione realistica di un vero paesaggio sonoro o comunque creare un paesaggio sonoro immaginario che sembri realistico (non c'è molta differenza tra le due cose, se ci pensate bene) dobbiamo utilizzare un sistema audio realmente tridimensionale. E dobbiamo preoccuparci anche della riproducibilità del nostro paesaggio sonoro, spero che sarete d'accordo con me su questo punto.

[2] *Vedremo in seguito come si possa tranquillamente far convivere una spazializzazione con un mix in surround, anzi, includere una spazializzazione in un mix in surround codificato e pronto per la diffusione in DVD od altri formati per il cinema.*

Se il novecento è stata l'era della "riproducibilità tecnica dell'opera d'arte" [3], il ventunesimo secolo, con l'affermazione della globalizzazione e di internet, probabilmente sarà anche l'era della diffusione globale dell'evento spettacolare, della sua trasfigurazione e sublimazione in vari contenuti multimediali per ottenere (magari) il consenso del maggior numero di persone, fargli provare una vera e propria esperienza estetica, e quindi far raggiungere all'evento lo status di opera d'arte.

Ma quali sono i limiti imposti dalla realtà prosaica dell'industria musicale, alla realizzazione di un progetto così ambizioso? La localizzazione di un suono da parte di un ascoltatore, posto al centro di un ambiente tridimensionale, può essere indotta simulando quattro principali fenomeni.La differenza temporale con la quale la vibrazione dell'aria che costituirà il suono giungerà ai due orecchi dell'ascoltatore, detta Inter-aural Time Difference (ITD). La differenza di intensità, Interaural Intensity Difference (IID). La modellazione della struttura spettrale del suono dovuta alle varie riflessioni indotte dall'ambiente che ospiterà la simulazione del paesaggio sonoro. L'orientamento della testa dell'ascoltatore. Se i primi due fenomeni sono facilmente riproducibili dappertutto perché basati sulle relazioni che intercorrono tra le posizioni dell'ascoltatore e del sistema di riproduzione, i punti tre e quattro, purtroppo, non si possono prevedere con facilità ed in media. Intendiamoci, anche per i primi due parametri dobbiamo accontentarci di un'approssimazione, ma è un compromesso che funziona nel novanta per cento dei casi. Volendo prevedere gli effetti causati dagli ultimi due fenomeni, i ritmi di lavoro imposti dall'industria musicale ed i budget risicati a disposizione delle compagnie teatrali e dello spettacolo, non consentirebbero quasi mai la realizzazione di un progetto così sofisticato e commisurato sul singolo spettatore.

[3] Walter Benjamin - L'opera d'arte nell'epoca della sua riproducibilità tecnica - Einaudi, Torino 2000.

I coefficienti di riflessione, dei materiali che costituiscono le pareti e degli oggetti presenti nell'ambiente dove avrà luogo la spazializzazione, ed i parametri d'orientamento della testa di tutti gli ascoltatori, varieranno di continuo ed all'interno di una gamma di valori troppo ampia per poter tentare un'approssimazione.[4] Ma il nostro sistema abbiamo detto che dovrà funzionare presumibilmente dappertutto, in una qualsiasi casa dotata di un impianto home theater come in un teatro od in un cinema...

Esistono varie soluzioni al problema, attualmente, alcune anche di ottimo valore teorico ma con grosse limitazioni di ordine pratico od economico come i sistemi basati su Ambisonic od Open AL. Personalmente, ormai da una decina d'anni, preferisco utilizzare sistemi per la spazializzazione che possano essere utilizzati in qualsiasi situazione e che non richiedano un grosso budget di spesa per l'acquisto e la realizzazione, in caso di rappresentazioni od installazioni. Nei capitoli seguenti cercherò di descrivere ed esemplificare una soluzione che pur rappresentando un compromesso tra qualità e disponibilità economica in generale, garantisce un ottimo risultato dal punto di vista spettacolare.

---

[4] *Vedremo in seguito come la simulazione di questi due fenomeni sia possibile in caso di particolari installazioni fisse.*

Creare Paesaggi Sonori: Perché?

Dal punto di vista pratico, la motivazione principale sta nella continua richiesta, da parte dell'industria dell'intrattenimento, di ambienti sonori sempre più realistici, per la sonorizzazione di film e videogiochi. In questo caso, visto che la colonna sonora viene molto spesso composta separatamente dagli ambienti, si tratta più di *Soundscape Composition* piuttosto che di paesaggi sonori registrati ed aumentati (presa diretta), musica elettroacustica o concreta. Ma non vorrei andare tanto per il sottile, l'etichette non mi sono mai piaciute e francamente le trovo spesso inutili. Trovo degno di nota, invece, il fatto che le tanto bistrattate "esigenze commerciali" richiedono sempre più spesso una masterizzazione multicanale del paesaggio sonoro (5.1) o comunque una codifica compatibile con il formato surround, mentre l'ambiente di ricerca e sperimentazione mi sembra un pò in ritardo da questo punto di vista, salvo eccezioni.

Artisticamente parlando, l'esigenza di una rivalutazione di determinati suoni allora considerati come rumori ed il conseguente inserimento degli stessi all'interno di composizioni musicali, risalgono ai primi anni del secolo scorso. Era il 1913 quando il musicista e pittore Luigi Russolo firmava il suo manifesto "*L'arte dei rumori*", nel quale teorizzava l'impiego di "altri suoni" in ambito musicale, ed erano passati cinquant'anni quando Pierre Schaeffer tentava un approccio simile nel VII Libro del suo " *Traité des objects musicaux*" (1966). Nel 1977, infine, R. Murray Schafer pubblica "The Tuning of the World" e conia i termini Soundscape, Soundmark e Soundwalk, ponendo le fondamenta su cui numerosi artisti come Barry Truax, Albert Mayr, Claude Schryer, Luca Miti e Francesco Michi hanno costruito e stanno ancora sviluppando il concetto di design acustico.

---

[1] *In particolare segnaliamo l'album progressive rock del 1976 "The Tales of Mistery and Imagination", ispirato ai racconti del terrore di Edgard Allan Poe.*

Naturalmente non dobbiamo essere schiavi dei pregiudizi e ricordare come anche nella musica cosiddetta "popolare" grandi artisti come i Pink Floyd ed Alan Parsons Project[1] abbiano composto opere negli anni 70 che presentavano sotto forma di canzone degli ottimi esempi di paesaggi sonori con musica.

Se "perché vogliamo farlo di lavoro" non vi piace come risposta, e la motivazione artistica non vi soddisfa, cosa mi resta da dire per convincervi dell'importanza della creazione, del rilevamento e della eventuale correzione dei paesaggi sonori?

Provate ad immaginare un macchinario che produce una luce abbagliante ed un rumore assordante allo stesso tempo. Cosa potete fare per evitare l'innegabile fastidio che il macchinario vi obbliga a sopportare? Chiudendo gli occhi, o addirittura chiudendovi in casa vostra, potrete risolvere il problema della luce, ma tapparvi le orecchie od usare finestre con doppi vetri non fermerà le vibrazioni a bassa frequenza del rumore assordante. Specialmente se la vostra casa è stata costruita nel ventesimo secolo.

I rumori indesiderati ci circondano senza darci tregua, ventiquattr'ore su ventiquattro, eppure noi, figli dell'era dell'immagine, non diamo la giusta importanza a questo fatto. La scienza medica ci insegna che rumori superiori agli 85 decibel, ascoltati per un lungo periodo di tempo, minacciano seriamente il nostro udito. Le leggi ci sono, dobbiamo soltanto impegnarci per farle rispettare. Il D.Lgs. 10 aprile 2006, n.195, "Attuazione della direttiva 2003/10/CE relativa all'esposizione dei lavoratori ai rischi derivanti dagli agenti fisici (rumore)", pubblicato sulla Gazzetta Ufficiale N. 124 del 30 Maggio 2006 stabilisce che il valore medio, ponderato in funzione del tempo, dei livelli di esposizione giornaliera al rumore per una settimana nominale di cinque giornate lavorative di otto ore, definito dalla norma internazionale ISO 1999: 1990 punto 3.6, nota 2, non deve superare gli 87 dB (A). Nella mia città, Livorno, il limite massimo d'intensità del rumore negli ambienti abitativi e nell'ambiente esterno è 70 dB. Adesso per favore riflettete su questi valori di massima pressione sonora in dB (A) che vi elenco di seguito:

motocicletta	110
riproduttore stereo portatile	112
riproduttore stereo domestico	105
concerto rock	116
falciatrice	95
strada trafficata anche da autocarri	95

Per di più, la A dopo dB, per chi non lo sapesse, indica che le frequenze più basse del rumore sono state filtrate in fase di rilevamento da parte dell'apparecchiatura di misurazione, in misura all'incirca equivalente a quella che opera l'orecchio umano nel filtrare le basse frequenze. Dovreste considerare anche le frequenze basse non udibili, che in caso di sovraesposizione, possono causare danni fisici anche all'apparato digestivo, circolatorio ed al sistema nervoso, dato di fatto più volte comprovato a livello scientifico.

Praticamente, io e la mia famiglia viviamo in un paesaggio sonoro compromesso, "Low-Fi" come lo chiamerebbe Schafer, quasi ogni giorno della nostra vita. Questo nonostante il fatto che siamo tutti consapevoli dei danni provocati, da questa situazione, alla nostra salute. Siamo anche consapevoli, però, che chiedere l'applicazione delle leggi citate in precedenza non porterebbe nessun risultato, purtroppo. Così vanno le cose in Italia.

Spero che siate d'accordo con me nel considerare fondamentale, per una miglior qualità della nostra vita, per la nostra salute, il diventare un pò più esigenti nei confronti dell'ambiente acustico che ci circonda. Perché tutti vorrebbero vivere in un paesaggio sonoro perfetto... ma il soundscape del ventunesimo secolo sembra sempre più lontano dalla perfezione ogni giorno che passa.

Creare Paesaggi Sonori:
Da grande vorrei fare il Sound Designer.

Una precisazione è d'obbligo, prima di cominciare. In questo capitolo non parlerò di acustica, di normative o di altri aspetti tecnici del lavoro di un sound designer. Ci sono moltissimi libri in commercio sull'argomento, alcuni molto validi li trovate nella bibliografia consigliata alla fine di questo tomo, e non ha senso ripetere quanto già precisato e descritto da altri. Quello che vogliamo fare è creare, come dice il titolo del libro, e quindi tratterò soltanto l'aspetto artistico del tema. D'accordo, il confine tra artigianato ed arte a volte è quasi inesistente, ma non vorrei spingermi oltre qualche piccolo consiglio dettato dall'esperienza, se permettete. Qualcosa di banale, in apparenza, del tipo:

- Ricordatevi sempre che non si finisce mai d'imparare.-

Questa semplice regola vale in qualsiasi attività, ma nella nostra è quanto mai vera. Dopo l'avvento del digitale, tenere le proprie competenze sincronizzate con il frenetico ritmo di sviluppo dell'elettronica e dell'informatica per l'audio professionale, è sempre più difficile.

Procuratevi, innanzitutto, una decente connessione ad Internet ed iscrivetevi ai principali gruppi tecnici del settore. Non abbiate timore e partecipate attivamente, contribuite ed aiutate i vostri colleghi italiani e stranieri, non pensate di conoscere il segreto del moto perpetuo e di doverlo tenere solo per voi, scoprireste dopo poco che si trattava del segreto dell'acqua bollente...

I gruppi di Yahoo, i blog e le pagine di MySpace, tanto per fare due esempi, sono dei terreni su cui muoversi con cautela è d'obbligo, ok, ma rappresentano anche la nuova terra dell'oro, in quest'epoca dell'immagine dove la verità è più che mai soggettiva. Individuate le personalità di riferimento, quelle degne di considerazione si riconoscono subito, analizzando il tono delle risposte che ricevono i loro messaggi. Quando questi "guru" esprimono pareri o danno consigli, salvate su disco il contenuto per possibili future esigenze di consultazione. Seguite i siti web d'informazione, con sana diffidenza ma seguiteli. Pro Sound News, Music Software Weekly, Harmony Central, sono soltanto alcuni di quelli che leggo regolarmente. Tenete d'occhio il software open source, sta crescendo vertiginosamente di qualità e può fornirvi la classica soluzione dell'ultimo momento, in varie situazioni difficili che sempre si presenteranno lavorando con i computer.

Già, il computer. Ebbene sì, tutto sommato vi consiglio di lavorarci. Ora non mandatemi un anatema se vi si rovina il disco rigido e non avete fatto un backup da Ferragosto di due anni fa...

I vantaggi gestionali e di praticità d'uso, quando funziona tutto, sono tali che non si può più pensare d'esser competitivi nel far questo lavoro, senza l'aiuto di alcuni software ed hardware in particolare. La soluzione giusta sta sempre nel mezzo, ed infatti l'importante è non illudersi di poter sostituire tutto l'hardware necessario con un pugno di plug-in. L'elaborazione digitale del segnale (il famigerato, in inglese, DSP processing), se usata senza parsimonia, produce un sensibile degrado nella qualità del segnale. Ed appesantisce la CPU del vostro povero computer, capro espiatorio di ogni colpa. Tenete il sistema operativo "pulito", privo cioè di tutto ciò che applicazioni non strettamente audio potrebbero aggiungere, e demandate ad apparecchiature esterne i compiti più gravosi come la riverberazione od altri DSP multicanale.

Ma torniamo al nostro argomento principale, il Sound Design. Per fornire delle indicazioni valide in generale, senza trasformare questo capitolo in uno sterile e fugace elenco di prodotti commerciali, posso soltanto, con molta umiltà, approfondire i quattro principi fondamentali del design acustico elencati dal grande R. M. Schafer nel suo capolavoro, già citato, "The Tuning of the World".

Per prima cosa, il rispetto per l'orecchio e per la voce.

Quando in un ambiente non riusciamo più a sentire una voce, od addirittura il nostro sistema uditivo sperimenta uno [1]spostamento di soglia, "l'ambiente è nocivo" dice Schafer.

Sono d'accordo, ma mi rendo conto anche che, oggigiorno, dobbiamo fare i conti con chi lo spostamento di soglia quasi lo pretende... Discoteche, sfilate di moda, concerti POP (nel senso migliore del termine POPolar) o rock, sono situazioni in cui, senza causare danni permanenti all'udito, un buon sound designer sa che deve "accontentare" il pubblico.

Pensate ad un arredatore che ama lo stile Liberty ma viene ingaggiato per "ideare" le stanze di un convento. Allo stesso modo, per il vostro ambiente Pop, voi dovrete pensare un "arredamento acustico" d'elevato impatto sonoro mantenendo però l'intelligibilità e la piacevolezza d'ascolto di un paesaggio sonoro "energetico", se mi passate il termine, e mai "stancante". Solo accettando la sfida e riuscendo a far accettare un pò d'innovazione al "convento", potrete dire di aver fatto bene il vostro lavoro.

Nella maggior parte dei casi, invece, il primo principio di Schafer sarà fondamentale. La "VIP lounge" di un grande aereoporto, un negozio di punta del centro città o la galleria più "trendy" della capitale, hanno in comune la necessità di uno stile raffinato per il loro paesaggio sonoro, dove l'equilibrio fra i suoni di sottofondo e l'evento sonoro innovativo che cattura l'attenzione dei presenti, sarà cruciale per la buona riuscita del design.

---

[1] *Lo spostamento di soglia (Temporary threshold Shift o TTS) è un innalzamento temporaneo della soglia d'intensità massima, quella oltre la quale il sistema uditivo non è più in grado di mantenere la normale risposta fisiologica del recettore (Hood, 1972). Solitamente, dopo alcune ore o giornate le condizioni tornano normali, un'esposizione prolungata può portare alla definitiva lesione della chiocciola. Detta lesione non è curabile.*

Secondo principio, la consapevolezza del valore simbolico del suono.

Un suono è sempre qualcosa di più di un semplice segnale funzionale. Un sound designer deve sforzarsi di comprendere le caratteristiche dell'ambiente da sonorizzare, e per far questo deve possedere il maggior numero di conoscenze negli svariati campi interferenti con l'estetica del paesaggio sonoro. Acustica, psicologia, psicoacustica, sociologia e storia, oltre che musica, sono le discipline che vi aiuteranno a capire il significato che può assumere un suono in un determinato contesto.

Individuare ed utilizzare convenientemente le toniche di un ambiente, cioè quei suoni d'ascolto abituale che fanno parte dell'immaginario collettivo di una comunità, potrà servire a creare un empatia con il pubblico che inconsapevolmente si sentirà ben disposto nei confronti del soundscape composition da voi realizzato, ad esempio. Per lo stesso motivo, l'inserimento occasionale di eventi sonori che per quella tipologia di individui hanno un significato ben preciso, come segnali di pericolo od allarme, vi garantirà la loro attenzione quando desiderate richiamarla.

Un esempio al di sopra delle parti, se dovessi realizzare un paesaggio sonoro per un evento della mia città, Livorno, utilizzerei nel primo caso una registrazione del Palio Marinaro o di una libecciata sul lungo mare, e per catalizzare l'attenzione la sirena del Cantiere Navale od il segnale di una nave che entra in porto. Questa regola vale naturalmente anche per le musiche vere e proprie. In uno dei miei ultimi video con soundscape in 5.1, Numerologia:3, dedicato appunto a Livorno per restare in argomento, ho rielaborato con una nuova armonia la melodia tipica di uno stornello livornese. Tutti i miei concittadini hanno segnalato quel brano come uno dei preferiti nel gruppo di sette video che formano "Numerologia", mentre ascoltatori di altre città non sono sembrati altrettanto impressionati dall'audiovisivo suddetto, ovviamente.

Anche gli sceneggiatori che scrivono per il cinema sono ben consapevoli della validità di questo principio, come illustra splendidamente Vincenzo Cerami nel suo "Consigli ad un giovane scrittore" - Einaudi, Torino - parlando dell'extra-testo. Il termine EXTRA-TESTO va inteso come periodo o frase "EXTRA-nea" al con-TESTO, cioè significante soltanto al di fuori del linguaggio utilizzato per lo scritto che stiamo leggendo, di qualunque tipo esso sia. Un breve esempio. Se in una sceneggiatura farò pronunciare la frase "Nedo, l'hai messo in cantera di cima il cappello!" ad un personaggio, a meno che la storia non sia tutta in vernacolo livornese, destinata quindi soltanto al pubblico toscano, avrò appena aggiunto un extra-testo alla sceneggiatura stessa. Per non lasciarvi con la curiosità, "cantera" significa cassetto.

Naturalmente in questo caso la valenza è opposta, trattandosi di un opera, la sceneggiatura, destinata ad un pubblico più eterogeneo composto da persone di culture e provenienze diverse. L'extra-testo, in questo caso, può risultare addirittura incomprensibile.

Riflettete comunque sul fatto che, in caso di un paesaggio sonoro da distribuire in DVD o che accompagnerà una scena di un film o di un documentario, il problema dell'extra-testo tornerà a rappresentare un effetto da evitare, dato che il pubblico sarà nuovamente di estrazione socio-culturale media indefinibile. In poche parole, nessuno riconoscerà la melodia dello stornello livornese riarmonizzata se non avrà avuto niente a che fare con la mia città.

Resta comunque valido il secondo principio di Schafer, considerate bene il valore simbolico di un suono prima di utilizzarlo in un paesaggio sonoro. Il suo significato può cambiare drasticamente a seconda della destinazione d'uso della vostra opera.

Terzo principio, "Conoscenza dei ritmi e dei tempi del paesaggio sonoro naturale".

Schafer nel 1977 rovesciava una concezione prettamente tecnica, ma ancora in uso, secondo la quale il designer acustico deve considerare il suono come un'energia, un segnale da trasferire dalla fonte al ricevente, che può essere valutata e misurata quindi, indipendentemente dall'ascoltatore. Il concetto di paesaggio sonoro, invece, pone al suo centro l'ascoltatore, e proclama quindi la soggettività della valutazione del suono e la bi-direzionalità della relazione tra ascoltatore ed ambiente, tra la sorgente audio ed il suo significato. Come ho già detto in precedenza, la verità sta sempre nel mezzo, e ne era ben consapevole Barry Truax nel 1998 quando, nel suo paper presentato alla Royal Swedish Academy of Music di Stoccolma dal titolo "Models and Strategies for Acoustic Design", proponeva un suo modello basato sulla comunicazione (modello della comunità acustica) che dichiaratamente cercava di integrare gli altri due.

Cercando, come piace a me, di semplificare senza perdere sostanza, il terzo principio propone i ritmi naturali per ogni essere umano, come il battito del cuore, la respirazione ed il passo, come pseudo-unità di misura assolute per la comprensione dei ritmi naturali di un dato ambiente. Mah. Secondo me, perdonate il toscanaccio irriverente e disincantato, il buon Murray nel suo libro, in questo caso, non è riuscito a spiegare bene cosa gli passava per la testa. Apparentemente, infatti, si contraddice subito segnalando come il battito del cuore passi dai "50 battiti al minuto di un atleta ben allenato fino ai 200 o più in caso di malattia o febbre". Molto probabilmente, ed è soltanto il mio umile parere badate bene, l'importante concetto che Schafer aveva chiaro in testa, ma soltanto a livello istintivo, è che la simulazione di un paesaggio sonoro, od il suo "aumento"[2], prendendo in prestito il termine dalla realtà aumentata graficamente, deve sempre tener presente il ritmo di successione degli eventi caratteristici del paesaggio originale.

[2] *Con il termine paesaggio sonoro aumentato (augmented soundscape), intendo un ambiente reale, con le sue sonorità, nel quale vengano aggiunti suoni per finalità artistiche o di ecologia del paesaggio sonoro stesso.*

Sia nel caso in cui quest'ultimo sia un ambiente reale, che nel caso di un paesaggio sonoro interpretato e rivisto da un'artista. La durata in termini di tempo di un paesaggio sonoro, può arrivare, grazie alle nuove tecnologie ed alla compressione mp3, anche a ventiquattro ore consecutive di arredamento sonoro. Ogni momento della giornata può essere caratterizzato da un momento acustico o musicale ben preciso. Per estremizzare con un esempio, durante la notte la sala d'attesa di un aereoporto dovrà proporre un paesaggio sonoro molto particolare, ovviamente. Paesaggio che dovrà modificarsi necessariamente quando arriverà l'ora d'ingresso al lavoro dei dipendenti dell'aereoporto stesso ed il rapporto segnale/rumore si modificherà di conseguenza.

Per non parlare dei paesaggi che includono della musica in determinati momenti della riproduzione. Tornando al valore simbolico del suono, non possiamo dimenticare che la musica è fatta anche di silenzi, e grazie ad essi, di ritmo. Ed anche il ritmo cambia il suo valore simbolico variando di tipologia. Logicamente la samba fa pensare al Brasile e la Tarantella all'Italia, ma il ritmo ha capacità evocative molto più potenti ed a suo modo inquietanti. Perchè un singolo colpo di grancassa o timpano, ripetuto lentamente con una frequenza di 40-50 bpm evoca, nel novanta per cento delle persone intervistate, pensieri macabri? E le campane a festa che raccolgono e rasserenano, se suonate con la stessa lentezza diventano campane funebri? Ritmi ancestrali trasmettono vibrazioni particolari ai nostri neuroni attraverso il sistema uditivo, e quante volte ci siamo sorpresi a camminare a tempo di musica, quella stessa musica che ci suonava in testa e non riuscivamo a fermare? A me la cassa della batteria nella musica dance ha sempre ricordato un cuore giovane che scandisce la sua gioia di vivere...

Ed infine, ma ne parleremo più diffusamente nel prossimo capitolo, quando il soundscape deve completare la scena di un film, non deve forse adattarsi al ritmo impresso alla scena dal regista?

Tutto si complica quando il paesaggio sonoro non ha un riscontro reale, quando si tratta cioè, di un evoluzione della musica concreta, un soundscape ricreato al computer utilizzando campionamenti reali e suoni sintetizzati. Il riferimento al ritmo ed ai tempi originali non è possibile e tutto si svolge nell'immaginazione dell'artista. Secondo me comunque, resta valido il famoso principio di conservazione espresso da Lavoisier nel Settecento, nulla si crea, nulla si distrugge, tutto si trasforma. Anche il nostro artista quindi, ripescherà delle impronte sonore impresse in qualche parte nel suo cervello perchè già sentite e le trasformerà in una composizione di suoni e rumori simile a qualcosa che già "suonava" dentro di sè, mai bello quanto l'immaginato, ma simile a qualcosa di accettabile da parte del suo pubblico...

Voglio arrivare a dire che filosoficamente, in fondo, i principi di Schafer sono validi anche quando si tratta di paesaggi inventati di sana pianta, dato che, nel momento in cui l'artista proporrà ad un pubblico il suo lavoro, il luogo in cui avverrà l'esecuzione diventerà, esso stesso, il soundscape ed il paesaggio sonoro non sarà più irreale.

Quarto ed ultimo principio, "Comprensione dei meccanismi di equilibrio grazie ai quali è possibile correggere un paesaggio sonoro compromesso".

Mettere in pratica quest'ultimo principio è veramente difficile, perlomeno in Italia, dove, uscendo dal piccolo villaggio dell'audio professionale, un sound designer non sanno neanche cos'è. Spero meglio per l'estero, anche se gli esiti delle ultime riunioni del G8 non mi sembrano molto incoraggianti. Indubbiamente, se un giorno le istituzioni si preoccuperanno veramente per l'inquinamento acustico delle nostre città, vorrà dire che quel giorno avranno già risolto i ben più gravi problemi causati dall'inquinamento atmosferico! I nostri dipendenti, come chiama affettuosamente (?) i nostri politici il grande Beppe Grillo, forse pensano ancora che basti misurare l'intensità del rumore con un fonometro per stabilire se un paesaggio sonoro è compromesso o meno. Perdonate il luogo comune, ma ci sono veramente troppi interessi in gioco per credere che semplicemente ignorino come stanno i fatti. Comunque...

Lasciamo perdere la politica e torniamo al nostro mestiere o la vostra arte se preferite. La verità è che possiamo fare ben poco quando siamo chiamati a correggere un lavoro già svolto con insufficente criterio acustico da architetti, geometri e muratori. Acustica e psico-acustica possono aiutarci a mettere una pezza dentro ambienti con eccessiva riverberazione, pannelli fonoassorbenti e doppie finestre possono limitare i disturbi causati dal rumore in eccesso e possiamo addirittura arrivare a combattere il rumore di fondo con altro rumore più evocativo e piacevole (rumore che copre gran parte della gamma di frequenze udibili come la pioggia o le onde del mare), ma la battaglia è persa in partenza.

Dateci automobili e ciclomotori elettrici, muri spessi come si facevano nel 1700, fate rispettare le leggi sul rumore alle industrie ed ai cantieri e tornate ad insegnare l'educazione civica a scuola con la giusta considerazione per l'importanza della materia, e noi torneremo a cercare i meccanismi di equilibrio per trasformare il nuovo ambiente acustico più vivibile, che avremo allora (?), in un vero e proprio paesaggio sonoro.

Dato che per fortuna esistono ancora, in provincia, nei parchi e nelle aree protette, ambienti in buone condizioni acustiche che possiamo valorizzare, vediamo innanzitutto quale modulo, inteso come unità-base o di misura, possiamo utilizzare per il design acustico. Schafer propone l'uomo, la sua voce ed il suo sistema uditivo, indubbiamente ed innegabilmente un valido punto di partenza, ma su queste basi io vorrei segnalare l'approccio più moderno di Francesco Michi, che scende a compromessi anche con alcuni rumori considerati "molesti senza attenuanti" da Schafer. Michi pone l'accento sul ritmo, inteso come l'alternarsi dei momenti con basso rumore di fondo con quelli che presentano variazioni improvvise d'ampiezza, rappresentate dagli elementi sonori del mondo che ci circonda. Ci sprona in pratica a ricercare la "musicalità" degli oggetti quotidiani, applicando a questi i criteri estetici che abbiamo assimilato con la nostra esperienza, musicale e non. Trovo affascinanti gli strumenti alimentati da agenti naturali realizzati da Michi con materiali altrettanto naturali, come i tamburi ad acqua e gli xilofoni a vento, descritti in "Musica e suoni dell'ambiente", a cura di Albert Mayr, Ed. CLUEB.

Quello che propongo invece, dando per scontato l'impegno sociale proposto da Barry Truax per la rivalutazione da parte delle istituzioni delle tematiche connesse all'acustica ambientale, è un modulo consistente nello spazio acustico assegnato al singolo individuo. Un modulo particolare però, che non potrà mai essere unità di misura, perché lo spazio acustico individuale è quanto di più soggettivo ci possa essere, e dovrà esser valutato di caso in caso.

Consideriamo prima di tutto il fatto che il rumore, escludendo quello provocato da agenti atmosferici o naturali, è sempre provocato da qualcuno. Il rumore non si genera da solo. Noi compriamo e guidiamo auto e moto rumorose, costruiamo fabbriche, aereoplani e strumenti di lavoro senza preoccuparci se questi poi produrranno inquinamento acustico, noi gridiamo e parliamo tutti insieme a voce alta. Noi non ascoltiamo soltanto, ma produciamo anche suoni e rumori. La determinazione dello spazio acustico individuale, dovrà porre dei limiti al diritto sacrosanto di produrre suoni e rumore che logicamente non deve essere alienato a nessuno. Quali saranno questi limiti? Rovesciamo la situazione. Noi produciamo suoni e rumori ma ascoltiamo anche quelli prodotti dagli altri. I suoni prodotti dai nostri simili invadono inevitabilmente il nostro spazio acustico individuale. La domanda che secondo me dobbiamo porci tutti quanti è: quanto lo invadono?

Ecco che torna nuovamente utile il fonometro, utilizzato però non alla fonte del rumore ma bensì vicino al nostro apparato uditivo. Sperando che la persona incaricata di utilizzare il fonometro lo faccia con onestà ed obbiettività (ahimè), i ben noti livelli in dBA già stabiliti dalla legge ci diranno se le persone che abitano un determinato ambiente sono lese nel loro diritto a livello acustico. Ma noi, possiamo scagliare la prima pietra di biblica memoria?

Quanto rumore facciamo noi stessi?

Un paesaggio sonoro in cui uno spazio acustico personale è invaso da quello di un altro individuo, in un modo tale da provocare disturbi seri, è un paesaggio sonoro compromesso. Per correggere tale paesaggio dovremo quindi comprendere i "meccanismi di equilibrio" di cui parlava Schafer, che diventeranno però limitazioni nella trasmissione del suono tra individui, atte a ricreare un equo bilanciamento tra l'ascolto e l'emissione di ogni essere umano abitante un determinato spazio acustico.

Ho detto in precedenza che un fonometro non basta per stabilire se un suono è dannoso oppure no, ma perché? Perché esistono suoni fastidiosi anche a basso volume, ed una legislazione che si occupa del rumore in termini quantitativi non ha i mezzi tecnici per tenerne conto. Dobbiamo preoccuparci quindi anche della qualità del suono. Per esemplificare il concetto, le unghie od il gesso che stridono su di una lavagna, le posate sul fondo di una pentola, sono suoni di bassa intensità indicati come i più fastidiosi da innumerevoli statistiche su campioni eterogenei di persone.

In pratica, per correggere adeguatamente il paesaggio sonoro a livello mondiale, per prima cosa si dovrebbero migliorare la tolleranza ed il rispetto nelle persone, inserendo nei corsi di educazione civica maggiori riferimenti al problema dell'inquinamento acustico. Una persona che urla stando molto vicina alle vostre orecchie può raggiungere un livello pari a 100 dB SPL, cioè 20 dB SPL in più rispetto al normale traffico cittadino.[3]

---

[3] Da "Psycology of Hearing" di Brian C.J. Moore, Elsevier Academic Press 2004.

E finalmente, in conclusione, potremo considerare anche la destinazione d'uso del nostro soundscape, e, di conseguenza, i gusti e le tendenze culturali delle persone che lo abiteranno o semplicemente lo ascolteranno. Il punto di vista dell'utente finale dev'essere sempre considerato e rispettato, ma il vostro dover d'artista, designer o tecnico, comunque vogliate considerarvi, sarà quello di prospettare nuove tipologie di percezione ed aprire la mente del pubblico, evocando stili alternativi di vita. Utilizzate le vostre conoscenze ed il vostro gusto musicale per la scelta dell'alternanza necessaria di suoni e rumori, campionato e sintetizzato, acuto e grave, statico e dinamico...

Equilibrio prima di tutto, ma anche spettacolo, alternanza di reale ed irreale, inconsuete risoluzioni di tensioni armoniche che riportano la calma dopo l'inaspettato e riverberi lontani che sottolineano la vicinanza di piccoli suoni asciutti...

Non arrendersi mai, neanche quando sembra di predicare nel deserto, questo è il vostro dovere se vi siete applicati con passione ed avete anche soltanto un pò di talento. Un sound designer non può cambiare il mondo, ma mostrare quelli che secondo voi sono gli errori commessi dalla società di cui fate parte, senza dubbio, prima o poi, produrrà dei risultati e qualcuno, dovessero passare giorni, anni o decenni, vi ascolterà. Non pensate che rispettare gli ascoltatori rappresenti un compromesso infamante come fanno tanti vostri colleghi, veicolare un messaggio è una delle cose più difficili da fare in comunicazione ma senza dubbio rappresenta l'obbiettivo da perseguire.

Parafrasando Brahms, garantitevi l'attenzione delle persone con le quali volete comunicare fornendogli, in apparenza, un introduzione per loro piacevole e rassicurante. Quando ci sarete riusciti, e loro vi ascolteranno, potrete dirgli quello che vi pare...

Creare Paesaggi Sonori: In presenza d'immagini.

Questa tipologia di paesaggio sonoro è senza alcun dubbio la più conosciuta, anche se quasi sempre il grande pubblico la identifica usando nomi diversi. Colonna sonora, presa diretta, ambiente, background, sono tutti termini più o meno definiti ed univoci che indicano varie tipologie di paesaggio sonoro. Quella che cambia, in fondo, è soltanto la destinazione d'uso. Un film, un documentario, un videogioco, perfino i più sofisticati siti in Internet, utilizzano talvolta brevi paesaggi sonori in ripetizione (loop). Analizzeremo meglio, nel prossimo capitolo, la composizione di soundscape per videogiochi che presenta qualche particolarità dovuta all'essenza interattiva del media stesso.

Qualcuno potrebbe obiettare che la colonna sonora è una composizione esclusivamente musicale e quindi non può essere considerata come un soundscape. Non sono d'accordo. Decenni dopo le innovazioni di Russolo, Webern, Cage o quelle dei Pink Floyd, Brian Eno e Nine Inch Nails, dobbiamo dimenticare questa assurda divisione limitante tra suono e rumore, se ci pensate bene si tratta soltanto di una distinzione puramente soggettiva. Un accordo di chitarra elettrica distorto ad alto volume rappresenta un bel suono per qualcuno, ma per altri è soltanto un rumore fastidioso... E d'altronde, in una sala da concerto particolarmente (e straordinariamente) silenziosa, il paesaggio sonoro non è forse costituito soltanto dalla musica eseguita e dalle rifrazioni della stessa sui materiali che costituiscono la sala, in vibrazione con i corpi degli esecutori ed ascoltatori?

Considerate ad esempio il film "Incontri ravvicinati del terzo tipo" di Steven Spielberg. La famosa sequenza di note usata dagli alieni per comunicare è senza ombra di dubbio un tema musicale, un frammento della colonna sonora. Ma quando viene riprodotta dall'astronave nel bosco non diventa anche un singolo elemento, anzi un soundmark del paesaggio sonoro di quella singola scena? Un bambino che canta in un cortile, fa rumore o produce dei suoni? E se sono dei suoni, sta facendo una colonna sonora o partecipa semplicemente al paesaggio sonoro del cortile stesso? Ed i suoni intonati emessi da un'autoambulanza, non sono forse segnali d'allarme, quindi rumori ad alto livello vista la necessità della loro comprensione da parte di tutti? Il rumore è vita, espressione e significato. E per stemperare i toni, per concludere la mia arringa in difesa del rumore, mi chiedo, cosa sarebbe il personaggio di Frau Blücher in "Young Frankenstein" di Mel Brooks e Gene Wilder, senza l'onnipresente nitrito di cavalli?

Signori della giuria, chiedo l'assoluzione perchè il fatto non costituisce reato... L'arte dei rumori per me è una forma di espressione tanto quanto suonare le percussioni od un altro strumento, e può ben capirmi chi abbia avuto la fortuna di vedere all'opera un rumorista negli anni 70-80 del Novecento, prima cioè dell'avvento del computer. La creazione e registrazione dei rumori necessari in una determinata scena, vedeva impegnato il rumorista con un impressionante numero di semplici oggetti d'uso comune, che nelle sue sapienti mani evocavano ambienti esotici o davano vita ad immagini altrimenti fredde ed irreali. Con la perizia di un artigiano d'altri tempi, fracassava a terra un'anguria e spezzava canne di bambù per ricreare i rumori di una battaglia e delle noci di cocco tagliate a metà, usate con maestria, generavano il rumore degli zoccoli di un cavallo al galoppo. Non che adesso, dopo l'avvento del computer, quest'arte sia di meno pregio, anzi... Il livello medio più alto, generato dal rapido diffondersi delle librerie di suoni digitalizzati, ha motivato i grandi Maestri del settore che adesso possono dedicarsi più all'aspetto creativo che a quello tecnico, facilitati nella fase di registrazione dei rumori dalla maggiore praticità d'uso di sistemi come Digidesign Pro Tools o Steinberg Nuendo.

[1] *Vi invitiamo a consultare la sterminata letteratura cartacea o digitale reperibile un pò ovunque per maggiori informazioni sui vari sistemi Dolby disponibili.*

Adesso i paesaggi sonori si realizzano in formati compatibili con il sistema [1]Dolby, prevalentemente in 5.1, in modo tale che siano già utilizzabili in un Home Theatre casalingo come in un cinema pubblico. Personalmente trovo comunque un pò limitati e datati gli algoritmi di surround panning bidimensionali utilizzati nelle stazioni di lavoro (workstation) che ho citato in precedenza. Per questo motivo ho sentito il bisogno di brevettare la tecnologia che sto utilizzando in questi ultimi anni, basata su vari algoritmi di psico-acustica tridimensionali, che ho "battezzato" con l'acronimo 3D-EST®.

Ma prescindendo dalla tecnologia utilizzata, quella di cui vorrei parlarvi adesso è una metodologia di lavoro che ho sperimentato "sul campo" con ottimi risultati. Si tratta, semplicemente, di un approccio teso ad utilizzare il meglio di ogni tipo di algoritmo, tenendo conto delle esigenze commerciali e spettacolari del prodotto da realizzare. Se si tratta di un film, ad esempio, la necessità della presenza dei dialoghi solo sul canale centrale obbliga all'uso del panning di volumi per il posizionamento di questi suoni. Ma se vogliamo sottolineare l'azione in corso con un effetto tridimensionale, che so, l'arrivo improvviso di un elicottero, possiamo tranquillamente assegnare ad un uscita digitale del sistema il rumore mono o stereo, inviarlo ad un hardware esterno che si occupi della spazializzazione necessaria e ce lo renda sotto forma di canali separati digitali. Quest'ultimi rientreranno nel sistema e saranno affiancati al Master d'uscita 5.1 per mezzo di un canale ausiliario, sempre di tipo 5.1.

Lo stessa tecnica può essere utilizzata anche per le parti strettamente musicali, facendo attenzione nel caso in cui si decida di utilizzare algoritmi come Doppler ed ITD che potrebbero introdurre delle variazioni d'intonazione o di timbrica. Dovrete regolare con attenzione la quantità d'intervento di tali algoritmi e "giocare" di più con la riverberazione. In alcuni casi, con orchestre sinfoniche "reali" o campionate, si possono ottenere dei risultati molto suggestivi separando, a livello spaziale, il segnale diretto da quello elaborato con gli effetti, ad esempio posizionando quest'ultimo nell'immagine stereo posteriore se state lavorando in 5.1.

I vantaggi derivanti dall'adozione di questa metodologia di lavoro sono molteplici. Innanzitutto utilizzando un hardware esterno dedicato si ha la garanzia che l'elaborazione digitale del segnale non introdurrà indesiderati artifacts in eccesso, dando per scontata la buona qualità del processing interno dell'hardware stesso, almeno in virgola mobile. Inoltre la CPU del computer host non sarà appesantita dagli otto o più processi contemporanei della spazializzazione, che viceversa andrebbero aggiunti al carico di calcoli necessari al normale funzionamento del software della workstation ed alle altre operazioni di DSP. Se poi l'hardware esterno sarà stato ben progettato, avrete a disposizione molti più controlli e molte più opzioni, per la creazione del vostro paesaggio sonoro, di quanti ne avreste con un normale plug-in software.

Il software naturalmente, inteso come interfaccia utente di controllo, serve sempre, per memorizzare parametri ed impostazioni e posizionare i suoni nello spazio acustico del paesaggio sonoro.

Ma se risulta evidente il concetto di posizione virtuale di un suono nello spazio, (il suono delle campane sta in alto, quello di un martello pneumatico in basso, quasi sempre) merita qualche spiegazione in più il concetto di traiettoria virtuale del suono, perlomeno per i non addetti ai lavori. Sia che i nostri suoni provengano da una libreria o che li abbiamo registrati noi stessi in presa diretta, questi dovranno essere sincronizzati con gli accadimenti che si susseguiranno nella nostra scena video. Dovranno essere, in pratica, "agganciati" ai soggetti della scena che vogliamo "doppiare", in modo tale che lo spettatore abbia la netta sensazione che quel suono è stato generato veramente dal soggetto della scena in esame.

Ma spesso e volentieri, in una scena video i soggetti si muovono. Ecco perchè, per una corretta simulazione, anche i suoni "agganciati ad essi, dovranno muoversi allo stesso modo. Un'interfaccia software professionale per l'utente, dovrà quindi permettere al sound designer il disegno tridimensionale di una o più "traiettorie" da assegnare ai suoni della scena. Queste dovranno muoversi in sincrono con lo scorrimento orizzontale di una specie di righello virtuale che in gergo si chiama Time Line. L'unità di misura adottata comunemente è il fotogramma per secondo, e la visualizzazione dei tempi cambia a seconda della risoluzione prescelta, che varia di solito insieme al paese d'origine delle produzione (30 fps, 25 fps, etc.). I formati più conosciuti sono lo SMPTE ed il MIDI Time Code. Al solito mi fermo qui nella descrizione tecnica e vi rimando alla sterminata letteratura disponibile in rete come in qualsiasi libreria, per tornare immediatamente al problema della necessità di un'interfaccia tridimensionale, per la realizzazione di un paesaggio sonoro in presenza d'immagini.

Fino al 2003, queste traiettorie sono state disegnate in modo empirico, seguendo con lo sguardo i movimenti sulla scena e cercando di farli collimare con il movimento, bi-dimensionale tra l'altro, di mouse per computer o joystick dedicati controllati manualmente. Quando cominciai a lavorare con il mio collega del settore sviluppo in A&G, l'ingegnere Simone Cercignani, nel Novembre del 2003, gli proposi subito una mia idea per migliorare la definizione di tali traiettorie virtuali, che diede origine al progetto See'n'Sound.

La prima versione del software See'n'Sound, ancora in uso, ricava le coordinate dei punti costituenti le traiettorie direttamente dalla scena tridimensionale già costruita in Maya, famoso software di grafica per cartoni animati ed effetti speciali. Una volta convertite in messaggi MIDI, quest'ultime possono essere "agganciate" a loro volta a qualsiasi parametro di qualsiasi hardware o software di spazializzazione o panning. Subito adottato da importanti utenti come Pixar o SkySound Studios, il sistema però non mi soddisfaceva completamente, quel che volevo era ricavare le traiettorie da qualsiasi tipo di video bi-dimensionale.

Un giorno vidi mia figlia Alice che disegnava sovrapponendo un foglio di carta velina ad un fumetto, e mi resi conto che la soluzione al problema, come al solito, era più semplice di quanto sembrava. Ne parlai immediatamente a Simone, il mio collega, che trovò una modalità di disegno delle finestre in OpenGL che faceva proprio al caso nostro. Il nuovo See'n'Sound dispone di una finestra, che abbiamo chiamato "Ghost Window", quasi completamente trasparente. Sovrapposta al video da sonorizzare, permette il disegno ed il ridimensionamento di alcuni cerchi, che grazie ad un algoritmo di riconoscimento dei pixel, seguono automaticamente gli spostamenti nella scena dei soggetti da "agganciare" ai suoni. Le variazioni di diametro delle circonferenze corrispondono alle variazioni di "profondità" dell'inquadratura.

Le traiettorie virtuali da assegnare ai suoni di un paesaggio sonoro, adesso possono essere generate velocemente e con una precisione mai raggiunta prima, ma, come scrisse il poeta Rosalino Cellamare, in arte Ron, "...quando ti fermi convinto che ti si può ricordare, hai davanti un altro viaggio..." ed altre necessità da soddisfare. Alcuni sviluppatori Senior della Alias/Autodesk hanno richiesto il rilevamento della collisione tra soggetti della scena 3D ed il sincronismo tra il cambio d'inquadratura ed il cambio della riverberazione delle sorgenti audio, in una stessa scena, mi incuriosisce particolarmente. Una vero esploratore non dovrebbe mai sapere cosa succederà già prima della partenza, quindi meglio così, spero proprio che per See'n'Sound il viaggio sia appena iniziato.

Tornando alla creazione di paesaggi sonori in presenza di immagini, vorrei provare a darvi qualche consiglio che spero possa tornarvi utile in futuro. La destinazione d'uso di queste tipologie di soundscape, intanto, semplifica molto il vostro lavoro.

Dovrete pensare sempre ad uno spettatore ideale situato al centro di un ambiente di dimensioni altrettanto ideali, e concentrarvi più che altro sul racconto, sempre presente sia che si tratti di un film come di un documentario. Mettetevi al servizio dei contenuti da veicolare, sottolineate senza trasfigurare, evocate altri livelli di comprensione senza mettere in ombra il messaggio principale. Il vostro modulo adesso è l'intelligibilità dei dialoghi, che non dovrà mai essere compromessa.

Anche gli eventuali effetti speciali audio, non devono distrarre lo spettatore pregiudicando la comprensione degli eventi. Il quarto principio enunciato da Schafer, diventa in questi soundscape ancora più importante. Ricercate sempre il perfetto equilibrio tra audio e video, devono arrivare allo spettatore come un unica entità, nessuna delle due deve "rubare il palcoscenico" all'altra. E soprattutto entrambe non devono offuscare il messaggio principale di qualsiasi opera visiva, quello dello sceneggiatore, del regista e, quando presenti, degli attori.

Le immagini che accompagnano un paesaggio sonoro possono essere anche fisse. Foto, sculture, modelli, opere in carne ed ossa, analizzeremo i requisiti di questa tipologia di soundscape nel capitolo sei, parlando delle installazioni. Adesso vorrei farvi notare un aspetto particolare di questa tipologia di realizzazioni, presente tanto nei paesaggi sonori per installazioni che nei soundscape per immagini video:

- La necessità di rispettare, sempre, le intenzioni espressive dell'artista che si occupa della parte visiva.-

Per troppo tempo le musiche (non parliamo nemmeno di paesaggi sonori) sono state considerate come un "qualcosa da aggiungere alla fine", la classica cornice del quadro, nel cinema come nella produzione di qualsiasi altro audiovisivo. Esistevano delle eccezioni, come Fantasia di Walt Disney, ma appunto di eccezioni si trattava. La regola non prevedeva quasi mai un lavoro creativo sincronizzato, le immagini arrivavano al musicista che le interpretava come meglio credeva, al massimo seguendo qualche scarna indicazione del produttore o del regista. La situazione sta migliorando nel nuovo secolo, ma sta a noi sound designer adesso, non commettere lo stesso sbaglio. Comunicate con le vostre controparti del video, indagate le motivazioni che stanno dietro alle loro scelte, cercate in pratica di entrare in sintonia con le loro modalità espressive.

Se le immagini saranno trattate con una colorazione particolare, cercate di modificare l'equalizzazione del soundscape di conseguenza, ad esempio, cambiando ogni volta che la colorazione cambia, come se il profilo acustico del vostro soundscape fosse un tema musicale.

Se vi sarà richiesto di creare un paesaggio sonoro "a tema", per un ambiente od un periodo storico, tanto per portare un altro esempio, procuratevi libri, documenti e, se disponibili, registrazioni del periodo storico in oggetto. Allo stesso modo in cui, con un normale filtro disponibile addirittura gratuitamente in QuickTime della Apple, si possono simulare i difetti di una pellicola logorata dal tempo, cercate di capire se nell'epoca in oggetto la qualità di riproduzione dell'audio aveva delle caratteristiche particolari e, con il beneplacito della produzione, tentate di riprodurle.

Un mio caro amico musicista, che lavora a Roma per il cinema e la televisione, mi raccontò una volta, comprensibilmente adirato, che delle musiche da lui composte per uno sceneggiato televisivo erano state rifiutate con la seguente motivazione:

-Troppo belle, troppo internazionali...-.

Ebbi l'occasione di sentire le musiche e di vedere alcune scene di stile decisamente poliziesco, o "thriller" se preferite, dello sceneggiato. Il mio modesto parere era, ed è tuttora, che le musiche fossero perfette sia per le immagini che per la presa diretta opportunamente arricchita di effetti, un ottimo soundscape, insomma. Conoscendo le capacità del mio amico, sono sicuro che un dialogo preliminare con la persona incaricata di giudicare le musiche sarebbe stato sufficente per lui per capire lo stile richiesto dalla produzione.

A quel punto, avrebbe utilizzato sicuramente il suo mestiere per modificare, non tanto il tema o l'armonia della composizione, ma semplicemente l'arrangiamento e l'orchestrazione, in modo tale da riuscire a veicolare il suo messaggio anche attraverso la rete, fatta di opinioni contrastanti, che bloccava inconsapevolmente la buona riuscita del prodotto.

Pretendete il rispetto che compete all'espressione artistica del vostro lavoro e cercate sempre di approfondire i temi da affrontare, senza aver paura di "scocciare" o di sembrare troppo pignoli o prolissi. Alla fine, se i risultati saranno superiori alla media, anche il più arido e menefreghista dei funzionari dovrà riconoscere che il vostro era l'approccio giusto. Cercate il giusto compromesso per arrivare al pubblico e lasciate che sia lui a rievocare il vostro "messaggio artistico subliminale" e ad esprimere il giudizio finale sul vostro operato.

Dovete credere in voi stessi e nella vostra arte, voi per primi, ed esercitare la tolleranza verso chi vede le cose in modo diverso. Non è scontrandovi con essi che riuscirete a trovare un punto di contatto, ma dimostrando con i fatti la bontà delle vostre convinzioni.

Uno dei tanti ottimi insegnanti con cui ho avuto la fortuna di studiare, Walter Savelli, mi disse un giorno di ricercare il consenso, come artista, delle persone che mi sono nemiche, non quello di parenti ed amici. Se il tuo nemico ammette la validità di quanto esprimi, allora puoi essere sicuro anche tu che il tuo lavoro è allo stato dell'arte.

Mettete passione ed impegno nel vostro lavoro ed i vostri paesaggi sonori saranno degni di tale nome, a differenza della media delle sonorizzazioni di filmati che si sentono in giro, che mi ricordano talvolta delle macchie di colore buttate a caso su una tela, da un imbianchino che pretende d'essere un pittore.

Creare Paesaggi Sonori: Soundscape Composition

Sin dal 1996, quando Barry Truax usò per primo il termine, se un paesaggio sonoro viene modificato aggiungendo altri suoni campionati o brani musicali, lo si può considerare un Soundscape Composition, giusto per distinguerlo da un normale soundscape registrato in stereo o multicanale.

L'intervento dell'autore, può essere puramente artistico se utilizza l'accostamento di rumori particolari o linee armoniche e melodiche con il paesaggio originale, per suggerire od evocare significati metaforici. Funzionale ed artistico invece se, come nel caso degli spettacoli teatrali o del cinema, l'inserimento dei rumori e delle musiche (colonna sonora) sottolinea e complementa significati già espressi in parte dagli attori o dalle immagini sullo schermo ed è in un certo senso "obbligato" dall'andamento della storia e dai dialoghi. La distinzione comunque è molto ambigua, e soprattutto di natura tecnica, visto che quando si parla di opere audiovisive, l'apporto artistico di video ed audio è pressoché paritario.

Tecnicamente invece, se l'approccio funzionale fornisce delle linee guida da seguire che facilitano la scelta dei campionamenti, ben diversa è la situazione se le motivazioni che portano alla composizione del paesaggio sono di natura puramente artistica. Se nella storia da sonorizzare una porta sbatte avremo centinaia di campionamenti a disposizione tra cui scegliere, sì, ma sempre di un campionamento con un alto ed improvviso transiente d'attacco ed un veloce decadimento si tratterà. Se la vittima predestinata entra nella casa del serial killer, potremo scegliere tra centinaia di campionamenti d'archi con o senza tremolo e centinaia di suoni sintetizzati ma l'accordo utilizzato, considerando l'armonia prodotta, difficilmente sarà un DO maggiore.

Artisticamente parlando invece tutto è lecito e possibile. Le uniche frontiere da non superare sono quelle del gusto e nessuno ha mai capito dove stanno di preciso... anzi spesso e volentieri i geni musicali si sono distinti per la loro sregolatezza e per la voglia di dissacrare e mettere in discussione tabù e certezze del resto della società.

Un caso a parte è rappresentato dai paesaggi sonori utilizzati nei videogiochi. Sempre di soundscape composition si tratta, ma la fondamentale componente interattiva, dovuta alle esigenze di giocabilità ed al parallelismo di varie time line per il supporto di numerose soluzioni alternative nello scorrimento temporale, modifica non poco la forma e la sostanza dei paesaggi. L'autore dovrà realizzare praticamente dei cicli sonori che possano essere ripetuti senza pause (loop) ed utilizzare le risorse (OpenAL ed altri), messe a disposizione dalle schede video per mezzo di processori dedicati, per ottenere una spazializzazione di massima. La qualità dei posizionamenti tridimensionali non sarà allo stato dell'arte, ma le numerose funzionalità dedicate all'interazione tra giocatore e sistema di riproduzione audio, che si tratti di lateralizzazione (cuffie) come di spazializzazione (speakers), garantiscono un buon livello di spettacolarità.

Le ultime novità negli algoritmi utilizzabili dai processori dedicati includono la Head Related Transfer Function (HRTF) e la posizione della testa del giocatore rispetto ai riproduttori di suono, rilevata con speciali cuffie o cappellini dotati di sensori. Dovrete sempre informarvi, prima di cominciare il lavoro, su quale motore di gioco dovrà utilizzare i vostri file audio, e valutare di conseguenza le possibilità espressive che avrete a disposizione o meno.

Dal punto di vista artistico molto dipende, ancora, guarda caso, dalla destinazione d'uso del gioco, o meglio dalla tipologia di pubblico a cui si rivolge il gioco stesso. Non trovo molto spazio per la creatività, scusate, nei giochi di ispirazione violenta, di guerra o sportivi, mentre ricordo ancora con piacere per l'ottima qualità dei suoi paesaggi sonori un vecchio gioco del 1997, Riven della Cyan e Broderbund software. I credits segnalano come sound designer principale Tim Larkin, anche se distinguono Martin O'Donnel e Michael Salvatori come addetti al Foley dal vivo ed al mix. Se consideriamo le musiche composte e prodotte da Robyn Miller ed altri tre o quattro sound engineer che hanno lavorato come assistenti, arriviamo ad un totale di otto persone soltanto per l'audio. E si sente. Ma comunque si tratta soltanto del mio parere, derivato ovviamente dal mio concetto di estetica al riguardo, ed io confesso di non aver mai dedicato abbastanza tempo libero a giocare con i videogames per potermi considerare un esperto, anche se mi piacciono da impazzire.

Per tornare alla soundscape composition, comunque, possiamo soffermarci sull'uso degli effetti in questo tipo di paesaggi. Le dimensioni virtuali della scena di gioco, suggeriscono le impostazioni per la dimensione dell'ambiente e per la sua conformazione nei parametri del riverbero, che non dovrebbe però distaccarsi troppo da quello del background, a meno che non si vogliano ottenere degli effetti di prossimità. Torna nuovamente alla ribalta l'effetto Doppler per i passaggi veloci, da non usare però se il suono che si muove è intonato e di natura strumentale.

Molto utile il damping delle alte frequenze per simulare la profondità negli allontanamenti e quello delle basse frequenze per gli spostamenti in verticale. In fase di missaggio, non dimenticate la destinazione d'uso del vostro lavoro e verificate continuamente la qualità che avete ottenuto anche su riproduttori di basso costo, per assicurarvi di non "perdere" niente per strada durante il processo di lavorazione.

Dal punto di vista musicale l'utilizzo di temi ricorrenti è caldamente consigliato. In alcuni casi potrete arrivare ad associare un tema originale ad ogni personaggio importante nell'economia del gioco, per sottolinearne la presenza o l'arrivo imminente.

Le musiche per i paesaggi sonori.

La musica è un linguaggio universale. Quante volte avete letto o sentito quest'affermazione. Corretta, sono d'accordo, ma che significato può avere in questo contesto? Un paesaggio sonoro ha il suo significato nella sua stessa provenienza, nella sua esistenza come parte integrante fondamentale di un luogo, della cultura e delle tradizioni dei suoi abitanti. Ha quindi un significato più o meno vasto ma finito. Anche quando diventa una soundscape composition con l'aggiunta da parte dell'artista di altri suoni e rumori estranei alla sua origine. Una soluzione semplicistica al problema potrebbe essere rispettare questo significato ed usare o comporre musiche che abbiano attinenza con esso. Mai altra scelta potrebbe essere più limitante e banale. La musica, invece, è un linguaggio universale proprio perchè i legami con la cultura e le tradizioni dei suoi ascoltatori sono labili. Esistono, certo, ma non costituiscono un vincolo. Niente della mia formazione mitteleuropea mi impedisce di apprezzare la musica indiana o asiatica in generale. Come scegliere o comporre quindi della musica da aggiungere ad un paesaggio sonoro?

Possiamo tentare di formulare un'ipotesi valida sia per i videogiochi come per tutte le altre destinazioni d'uso d'una soundscape composition. L'opinione comune più diffusa, spiega l'universalità del linguaggio musicale attribuendogli la capacità di suscitare emozioni. Indubbiamente l'ascolto della musica ci influenza a livello fisico e mentale, come ben sa chi è abituato ad ascoltare della musica familiare dopo una giornata particolarmente stressante. L'ascolto musicale influenza la respirazione, il battito cardiaco ed i nostri processi mentali.

Le ultime scoperte nel campo delle neuroscienze effettuate dal gruppo di scienziati dell'Università di Parma rappresentati da Giacomo Rizzolatti, ci rivelano l'esistenza di un tipo di neuroni da loro battezzati neuroni specchio audiovisivi. Prendiamo in considerazione soltanto la parte che ci interessa direttamente, cioè

44

lo stimolo acustico, audio. In pratica adesso sappiamo che alcuni suoni attivano determinati gruppi di neuroni nel nostro cervello indipendentemente dal fatto che il suono sia "visto generare", soltanto ascoltato o prodotto da noi stessi. Sembra quindi che il nostro cervello utilizzi una sorta di "libreria di campionamenti", per usare un terminologia familiare per noi sound designer, che attribuisce un particolare significato ai suoni che incontriamo nel corso della nostra vita, catalogandoli ed immagazzinandoli.

Recentemente, le neuroscienze si sono appassionate al tema della relazione tra i neuroni specchio e le emozioni generate dalla musica, ma gli studi da effettuare sono di difficile realizzazione. O meglio ancora, si possono realizzare in un laboratorio con attrezzature mediche, ma in modo incompleto; eliminando cioè tutta una serie di fattori fondamentali come l'interazione tra il musicista sul palco ed il pubblico, l'improvvisazione dell'artista ed il soundscape originale, cioè l'ambiente dell'esecuzione, sia esso un teatro come uno stadio. E torniamo al punto di partenza, o quasi. Perché la musica suscita emozioni? E come? E perché la stessa musica suscita emozioni diverse in diversi individui?

Parlando del suono, nel primo capitolo, abbiamo filosoficamente affermato che il suono esiste soltanto se c'è una persona ad ascoltarlo. E se fosse così anche per le emozioni? Forse non è la musica a generarle, ma il nostro cervello che assegna ad ogni insieme, successione, armonia di "campionamenti" in memoria, un'emozione ben precisa. Per poi rievocarla quando il nostro sistema uditivo rileva la presenza della stessa "musica". La verità sta sempre nel mezzo. Come spiegare il semplice fatto che alle tonalità minori vengono associate solitamente sensazioni di tristezza e malinconia? E queste sensazioni sono registrate da un gran numero di individui senza alcun tipo di relazione in comune, apparentemente. Incredibilmente dovrebbero aver fatto le stesse esperienze dal punto di vista acustico, catalogandole allo stesso identico modo. Come spiegare poi il tono scherzoso e festante della Badinerie della Seconda Suite per Orchestra di J. S. Bach, in tono minore, e la sensazione di gioia per la nascita di una bambina che trasmette la canzone "Isn't she lovely" di Stevie Wonder, anch'essa in tono minore?

Proviamo ancora. Forse noi associamo particolari sensazioni ad eventi musicali, per mezzo di neuroni "predisposti" a determinate stimolazioni acustiche. Niente male, potrebbe essere. E l'influenza del testo nella musica cantata, come la giustifichiamo? Perchè canzoni in tonalità maggiore, con testi d'impegno sociale o di denuncia, generano emozioni come la malinconia o la rabbia? Esistono forse neuroni specchio "testuali"? Forse sì, forse no, ma qui stiamo uscendo dal tema, e quindi provo a darvi una risposta alla domanda che ci siamo posti originariamente, cioè come scegliere o comporre la musica per complementare un paesaggio sonoro.

Secondo me la risposta, apparentemente banale, è:

- Cercando dentro voi stessi l'emozione giusta da evocare, basandovi sul vostro bagaglio di esperienze e sul vostro gusto estetico personale.-

"Ma come" - direbbe il mio caro amico e collega Andrea Valassina, per non fare nomi, che si diverte sempre a far polemica - "hai detto più volte che dobbiamo considerare prima di tutto la destinazione d'uso, cioè l'estetica del pubblico a cui ci rivolgiamo, e poi invece ci dici di guardare dentro noi stessi?"

La soggettività del giudizio, per me, è un assunto fondamentale. Non possiamo farci niente. Quello che dobbiamo ricercare dentro di noi, o se ancora non lo abbiamo, quello che dobbiamo imparare con l'esperienza, è ciò che genera quel magico legame empatico tra musicista e pubblico, quel flusso di energia che rende la musica un linguaggio e che ci permette di arrivare là dove le semplici parole non possono arrivare.

Creare Paesaggi Sonori:
Installazioni più o meno fisse.

Creare paesaggi sonori per installazioni è senza dubbio la tipologia di lavoro più divertente e gratificante per un sound designer. Finalmente libero dai vincoli d'impostazione del setup di speakers e spesso anche dall'influenza di gran parte delle persone che, in altre lavorazioni, si frappongono come filtri tra lui ed il pubblico, può dare sfogo alla sua creatività e concentrarsi sugli aspetti più innovativi del sound design.

In alcune situazioni a basso budget di spesa, dovrà nuovamente fare i conti con il limitante setup 5.1, dato che la masterizzazione su DVD da personal computer, in AC3, ed il basso costo di un sistema consumer per la riproduzione, rendono il Dolby Surround la miglior soluzione per pub, bar, piccoli negozi e similari. Come ho già spiegato nel capitolo quattro, questo non significa che si debba utilizzare soltanto il panning in produzione, gli algoritmi di psico-acustica sono compatibili con la compressione AC3, anche se la qualità della spazializzazione dopo la compressione è quella che è...

Ma in tutte le altre installazioni potrà contare sulla reale tridimensionalità di un setup con un minimo di otto casse, la classica disposizione che prevede il posizionamento all'incirca ai vertici di un cubo, chiamata 8.0 da alcuni e doppia quadrifonia da altri. Naturalmente, se vuole, potrà ancora utilizzare una o più casse sub-woofer per esaltare le basse frequenze, ma la cosa più importante è che, se richiesto dalle dimensioni o dalla forma dell'ambiente, potrà usufruire di setup complessi con, ad esempio, quarantotto speakers e sette od otto subwoofer disposti anche in modo irregolare e senza un riscontro geometrico della forma![1]

---

[1] *Con il termine setup si intende comunemente il perimetro delimitato dai diffusori acustici utilizzati, immaginando di tracciare delle linee rette che uniscono tra loro i diffusori stessi.*

Si consiglia comunque di circondare sempre il pubblico con il vostro setup, nei limiti del possibile, e di realizzare anche più di un piano sonoro aggiuntivo per ottenere una miglior sensazione di "immersione" nel soundscape. Tutti i diffusori che si trovano alla stessa altezza da terra, con una tolleranza di venti cm in più od in meno, formano un cosiddetto "piano sonoro". Per esemplificare, la disposizione 5.1 consiste in un singolo piano sonoro.

Due o più piani sonori, posizionati ad una distanza di circa due metri l'uno dall'altro in verticale, se gli speaker sono da 100 watt ed il primo piano si trova ad 1,2 metri da terra, garantiscono un paesaggio sonoro uniforme in qualsiasi punto del solido virtuale in considerazione, se la distanza in orizzontale tra uno speaker e l'altro sarà uniforme e comunque inferiore ai tre metri.

Queste sono regole empiriche, derivate dalla mia esperienza personale con X-spat boX e varie workstation per Apple MacOS, facilmente adattabili a contesti diversi e speaker di maggiore o minore potenza. Con "solido virtuale" intendo il solido ottenibile moltiplicando l'area di un piano sonoro medio per l'altezza dell'ambiente da sonorizzare. Assicuratevi che il sistema da voi utilizzato per lavorare permetta la compensazione della direzionalità per ogni diffusore, singolarmente. Se vi troverete costretti da esigenze logistiche a posizionare alcuni speaker and una distanza relativa troppo elevata, regolando questo parametro riuscirete ad evitare di trovarvi con dei "buchi" nel vostro paesaggio sonoro, delle aree, in pratica, dove non si riesce a simulare la provenienza di alcun suono. Non sforzatevi di essere troppo precisi nel calcolo del solido virtuale, anzi, vi invito a sperimentare soluzioni diverse impostando dimensioni maggiori o minori un pò come si fa con gli effetti di riverberazione, in base al vostro gusto personale od al tipo di soundscape che volete ottenere, più ampio o più "asciutto", se mi passate il termine...

Per quanto riguarda i singoli elementi del paesaggio, cioè le vostre sorgenti audio, preferite campionamenti o registrazioni mono se state simulando il posizionamento od il "movimento" di soundmark o dialoghi, campionamenti o registrazioni stereo od addirittura multicanale per gli sfondi e gli ambienti singoli o da miscelare. La musica merita un discorso a parte. Per lei tutto è vero, ma è vero anche il contrario di tutto. Di nuovo dovrete considerare la destinazione d'uso del soundscape per poter decidere come spazializzare i brani musicali. Potrete posizionare o muovere i singoli strumenti come il missaggio totale degli stessi, realizzare impostazioni ibride dove, in contrasto con un missaggio parziale quasi stereofonico, alcuni strumenti si trovano separati dal resto od addirittura in movimento, oppure separare gli effetti dal suono diretto, l'unico limite è rappresentato dalla vostra fantasia.

Questo tipo di soundscape, cambiando opportunamente il tema principale evocato, è adatto ad un gran numero di ambienti, come sale d'attesa, grandi negozi, musei, centri benessere, yacht, navi...

Finora abbiamo preso in considerazione soltanto paesaggi sonori sincronizzati ad un riferimento di tempo prestabilito, sia questo il timing di un riproduttore come la Time Line di un software per computer. Se invece assegnamo ad ogni canale audio, od addirittura ad ogni singolo elemento del soundscape, un comando d'innesco (trigger) che faccia partire la riproduzione od addirittura la simulazione del movimento soltanto quando il nostro hardware riceve detto comando, ecco che avremo realizzato un paesaggio sonoro interattivo.

Questi comandi possono essere di vario tipo, a chiusura di contatti (contact closure), MIDI o MIDI Show Control, seriali o custom. La cosa più interessante per noi è l'evento scatenante che si può utilizzare per provocare l'invio del comando. L'utilizzo di sensori di vario tipo può essere molto creativo e portare a dei risultati di livello artistico. Mi limito ad elencare alcune tipologie di sensori, lasciando alla vostra immaginazione il compito di inventare nuove possibilità d'uso. Emettitori e ricevitori ad ultrasuoni, barometrici (a pressione dell'aria), piezo-elettrici sensibili al tocco della superfice collegata, galvanici sensibili al voltaggio della vostra pelle (in sync con il battito del vostro cuore!), phototransistor sensibili alle variazioni di luce, accelerometri tridimensionali, magnetici e chi più ne ha più ne metta... oggigiorno qualsiasi evento fisico, in pratica, può essere trasformato in un evento MIDI, che a sua volta può "spostare" un suono nello spazio o far partire la riproduzione (play) di un elemento sonoro. Potete spostare gli elementi del vostro paesaggio con i movimenti del vostro corpo, oppure realizzare un soundscape che si modifica automaticamente secondo i movimenti dei visitatori al suo interno. Far generare note od accordi musicali ai passi di danza di una ballerina. Far suonare dei rumori, rilevando i passi di un visitatore su di un tappeto particolare.

Ed il discorso ci porta a parlare dei soundscape per i parchi a tema, a metà tra il videogioco e l'installazione interattiva. Dobbiamo inanzitutto distinguere tra la modalità operativa che abbiamo considerato finora, per la realizzazione del paesaggio dal punto di vista tecnico, ed un approccio molto usato per i parchi a tema che è sostanzialmente diverso.

Gli ambienti da sonorizzare possono essere anche molto grandi, all'aperto, e l'uso di un alto numero di diffusori è in un certo senso obbligatorio. Varie esigenze logistiche e di sicurezza consigliano poi di posizionare gli speaker in luoghi non accessibili al pubblico, magari in alto e in modo tale che non siano visibili. L'installazione di sensori e l'uso di algoritmi per la spazializzazione sarà riservato più che altro, ma non esclusivamente, a particolari aree del parco, mentre nei grandi spazi si ricorre di solito a diffusori pilotati da semplici matrici di smistamento dei segnali mono o stereo, con la possibilità di gestire e correggere i ritardi nell'invio dei segnali tra speaker diversi (delay).

Questo tipo di soluzione tecnica è in un certo senso "l'uovo di Colombo" in questi casi, nel senso che alla domanda "come posso simulare la provenienza di un suono da un punto particolare del mio ambiente?", si risponde un pò alla Lapalisse "mettendoci uno speaker". Logicamente la soluzione è valida soltanto in caso di simulazioni d'ambienti generici, non dettagliati e senza nessuna necessità di sincronismo o interazione con i visitatori e le posizioni che potrebbero assumere nell'ambiente. Ma nella maggior parti dei casi ci si accontenta...

Nelle attrazioni del parco dove si richiede un maggiore impatto spettacolare sul pubblico, possiamo sempre contare su varie soluzioni hardware e software di show control e control systems, abbinate ad altri prodotti che si occupino del calcolo DSP necessario per la simulazione dei posizionamenti. Per alcuni consigli riguardanti la realizzazione di questo tipo di soundscape dal punto di vista artistico, vi rimandiamo al capitolo otto, dove troverete anche un cenno sulla sonorizzazione di parchi pubblici con materiali naturali.

Parliamo adesso di eventi culturali, anche se mi rendo conto che la definizione è un pò ambigua. Ma volutamente. Il mio concetto personale di cultura include la cucina, la moda, il fumetto e molte altre forme di espressione a volte considerate "minori". Come se fosse possibile comparare due diverse forme d'espressione e stabilire qual'è la "maggiore" in senso assoluto... utilizzando quale unità di misura? Come se fosse possibile stabilire se un'attività umana è culturale o meno, senza prima rispondere definitivamente alla domanda:

-Che cos'è la cultura?-.

Meglio tornare ai nostri paesaggi sonori, ed ai significati che possono assumere in caso d'installazione in luoghi deputati alla diffusione della cultura. I musei possono aumentare il loro potenziale spettacolare ed attrarre un maggior numero di visitatori modificando il loro soundscape abituale, molto spesso minimale e poco attraente, con l'aiuto di un esperto sound designer.

Se, artisticamente parlando, la tipologia di paesaggio è molto simile a quella in presenza d'immagini, ovviamente, in particolare per i temi obbligati che guidano la scelta dei rumori e delle musiche, l'organizzazione interna del museo a livello operativo delimita le possibilità espressive dal punto di vista tecnico. Se sarà utilizzata una guida, o comunque una persona che accompagna i visitatori lungo un percorso, il paesaggio sonoro occuperà l'ambiente principale ed i vari soundmark saranno legati ai singoli quadri espositivi ed innescati da sensori o dalla guida stessa mediante telecomando. Se i singoli visitatori saranno dotati di un apparecchio multilingue personale, l'innesco potrebbe essere ricavato dall'apparecchio stesso, quando utilizzato davanti al quadro. Si possono realizzare, se la direzione lo consente, anche installazioni interattive molto complesse, ma lo scoglio da superare di solito, in Italia, è il budget di spesa, come sempre limitato.

Di tutt'altro tono è la richiesta del committente quando si tratta di gallerie d'arte o sfilate di moda. Di solito, il paesaggio sonoro richiesto deve prevedere una forte componente musicale, tesa ad evocare uno stile di vita ben preciso od a complementare il messaggio dell'artista in esposizione. Alle volte, addirittura, la figura del sound designer deve fondersi con quella del D.J., rinunciando spesso all'espressione di contenuti originali ed interpretando l'evento per mezzo di musiche conosciute o psicologicamente associabili, da parte del pubblico, a significati ben precisi. Un nuovo tipo d'installazione che prevede l'uso di varie soundscape composition, è quello di cui mi sto occupando attualmente. Si tratta della rivisitazione storica di un evento, una sorta di archeologia acustica, che porta alla riscoperta di un paesaggio sonoro del passato remoto ed al tentativo estremo di ricrearlo per mezzo della tecnologia digitale. Un lavoro devo dire molto stimolante, una specie di sfida, che sto preparando con una ricerca quasi filologica su testi dell'epoca che descrivano l'ambiente dal punto di vista acustico.

Questo breve "escursus" tra alcune delle principali categorie d'installazioni, mi è servito per farvi notare l'estrema varietà di scenari possibili e la conseguente impossibilità di poter delineare un metodo di creazione e realizzazione pratica univoco. Il sound designer dovrà dotarsi del maggior numero possibile d'informazioni riguardanti l'argomento da trattare, quando esiste, e principalmente della tipologia di pubblico a cui l'evento è destinato. Sfruttando la sua conoscenza delle risorse tecniche a disposizione, interpretate per mezzo della sua sensibilità e creatività, dovrà capire cosa si aspettano da lui il pubblico ed il committente, per riuscire apparentemente ad accontentarli, ma in realtà a stupirli con soluzioni sempre nuove ed originali.

Le ultime tendenze della tecnologia dell'installazione audio, proseguendo la strada intrapresa con l'avvento del multicanale e dell'audio tridimensionale, si sono concentrate sullo sviluppo software a basso livello di nuovi algoritmi. Le nuove frontiere riguardano il rilevamento, purtroppo ancora singolo, della posizione dell'ascoltatore nel soundscape. Attraverso dei sensori e dei trasmettitori, si cerca di fornire, in tempo reale, l'informazione riguardante l'orientamento della sua testa durante l'ascolto, agli algoritmi DSP, visto e considerato che il movimento conseguente delle orecchie, e quindi della pinna d'entrambe, è uno dei sistemi che utilizziamo quasi inconsciamente per risolvere eventuali problemi di localizzazione del suono in natura. I primi prodotti arrivati sul mercato che utilizzano questo tipo di sensori sono dei videogiochi, dei simulatori di volo altamente sofisticati che provvedono a modificare i paesaggi, audio e video, quando il pilota muove la testa.

Dal punto di vista della capacità di calcolo dei processori, invece, l'inserimento nell'algoritmo in tempo reale del calcolo delle riflessioni, causate dai diversi materiali costituenti l'ambiente che ospita la spazializzazione, è ancora appannaggio dei soli sistemi d'altissimo costo, utilizzati per lo più in ambito militare. A noi poveri musicisti e sound designer tocca accontentarci del calcolo differito per mezzo dello stupendo software che risponde al nome di E.A.S.E., a mio modesto parere il più bel software di sound design che esista al momento. Se non lo conoscete ancora fate un salto sul sito web a lui dedicato, lo potete trovare inserendo l'acronimo EASE nel vostro motore di ricerca. Analizzeremo poi, nella seconda parte di questo libro, altri punti di vista sul tema dei paesaggi sonori, ed avremo l'occasione di parlare anche di altre tendenze della tecnologia audio multicanale.

Vorrei chiudere questo capitolo citando lo tipologia d'installazione secondo me più artistica ed affascinante, quella tesa a realizzare un paesaggio sonoro interattivo in un ambiente pubblico.

Basato su di un soundscape preesistente, richiama alla mente i grandi eventi artistici dell'antichità, di cui conserviamo solo testimonianze scritte data l'irripetibilità degli stessi. Consiste nell'installazione in un ambiente dotato di un paesaggio sonoro "Hi-Fi", come direbbe Schafer, di strumenti ed oggetti fatti con materiali naturali, ecologici ed innocui. Invitando il pubblico a partecipare all'evento in prima persona, sperimentando la musicalità degli oggetti in modo ritmico e melodico, di concerto con gli altri partecipanti, si crea una sorta di composizione libera estemporanea, alla quale possono partecipare tutti, musicisti ed ascoltatori, bambini ed anziani. I risultati possono essere vari, ma vi assicuro che spesso si viene a creare un'indimenticabile atmosfera, densa di pathos e portatrice di irripetibili esperienze estetiche.

Se vi capiterà di partecipare o di organizzare un evento del genere, io ve lo auguro, ricordatevi questo:

- Non registratelo, nè a livello audio nè video.-

Portate l'esperienza dentro di voi, condividete il ricordo con gli altri, sì, ma soltanto a livello orale. Così nascevano in passato le leggende.

Creare Paesaggi Sonori:
Ecologia del paesaggio sonoro.

L'ecologia del paesaggio sonoro, chiamata talvolta ecologia acustica, è una disciplina che analizza il modo in cui le forme di vita interpretano, e sono influenzate da, i suoni naturali e artificiali intorno a loro. Secondo un'altra definizione molto utilizzata, consiste nello studio del rapporto tra le forme di vita ed il loro ambiente a livello sonoro.

Come sicuramente avrò già scritto in questo libro, non sopporto le definizioni, le etichette e le asserzioni al di là di ogni ragionevole dubbio. Secondo me, sono sempre predestinate al fallimento dei propri scopi, alla necessità di un approfondimento ulteriore o, nel peggiore dei casi, alla smentita. La conoscenza è inarrivabile, possiamo soltanto continuare a ragionare e ad acquisire informazioni da verificare ed aggiornare quotidianamente. (Viva il dubbio!).

Dico questo per giustificare, ma nel contempo ridimensionare, la mia richiesta per una distinzione tra i concetti di ecologia del paesaggio sonoro ed ecologia acustica. Per spiegare i motivi della mia richiesta, vorrei raccontarvi un pò di storia dell'ecologia acustica, nata nel secolo scorso verso la fine degli anni sessanta alla Simon Fraser University di Vancouver. Lo World Soundscape Project di R. Murray Schafer ed il suo team, ebbe un successo incredibile ed accese l'interesse di un gran numero d'artisti e ricercatori in tutto il mondo. Numero che crebbe costantemente fino a portare, nel 1993, alla fondazione del World Forum of Acoustic Ecology (WFAE). L'ultimo forum si è tenuto in Giappone nel 2006. In più di trent'anni, l'ecologia acustica si è evoluta e ramificata in una miriade di correnti di pensiero e forme d'espressione, e soltanto alcune di esse continuano a trarre ispirazione dagli studi di Schafer e compagni. Attualmente gli aspetti più seguiti sono i punti di contatto con l'architettura e l'urbanistica, la registrazione e lo studio dei suoni prodotti dagli animali (bioacustica), le risposte soggettive ed oggettive degli animali ai suoni prodotti dall'uomo ed i suoni dell'oceano.

Come potete vedere tutti aspetti molto interessanti ma anche abbastanza lontani dai temi trattati in questo libro. L'ecologia del paesaggio sonoro, come la concepisco io, presuppone che i rapporti a livello sonoro di cui si occupa, avvengano tra un ambiente ed un individuo in grado di giudicare questo ambiente come un paesaggio. Un individuo in grado di formulare un giudizio di natura estetica, quindi!

Se considerate la definizione più diffusa della consorella "Ecologia del paesaggio" (paesaggio visivo, in inglese landscape ecology), noterete che questo tipo di ecologia studia la distribuzione e la forma del paesaggio per comprenderne strutture, processi e significati. Di nuovo il concetto di paesaggio viene affiancato a dei processi mentali essenzialmente umani, come la comprensione e l'attribuizione di un significato. Perchè non parafrasare la definizione allora (dobbiamo usarle per forza queste definizioni, volenti o nolenti), per crearne una nuova ma simile per il suono? L'ecologia del paesaggio sonoro studia la distribuzione e la tipologia (forma?) dei suoni di un ambiente per comprenderne strutture, processi e significati. Potrebbe funzionare, no?

Ecco il motivo principale della mia richiesta. Come si evince dalla lettura dei precedenti capitoli, intendo riallacciarmi agli aspetti più sociali, artistici ed estetici del pensiero di Schafer, per tentare d'intraprendere un cammino che porti allo sviluppo di un ecologia e di un estetica del paesaggio sonoro, intese come studio della somma di tutti gli effetti fisici, psicologici, neurologici ed artistici, che un soundscape può generare nell'individuo.

Ma parlare di ecologia del paesaggio sonoro significa anche parlare di ecologia in senso tradizionale, e non soltanto. Altri fattori importanti, che non possiamo evitare di prendere in considerazione, sono l'urbanistica, l'educazione civica ed il livello culturale medio degli abitanti ed ascoltatori del paesaggio stesso.

L'educazione all'ascolto, per noi abitanti del paesaggio sonoro globale, significa abituare il nostro sistema uditivo alla ricezione di un'audio di qualità, siano essi rumori, suoni o parole. Un orecchio "educato" all'ascolto a volume adeguato di musica, di qualsiasi genere, ma intonata, a tempo, ben registrata e riprodotta, e di parole di senso compiuto e possibilmente elevato, ogni tanto poetiche e stimolanti, sarà molto probabilmente un orecchio in grado di valutare gli effetti negativi apportati dal rumore in eccesso. Il rispetto degli altri, se imparato, praticato ed evoluto, può portare a capire l'esigenza del rispetto anche per lo spazio acustico personale, proprio e del prossimo.

Abitare in una città dove i principi dell'urbanistica[1] sono applicati correttamente anche a livello audio, e gli spazi sonori sono calcolati e costruiti in funzione delle persone, stimolerà il cittadino all'applicazione dei dettami dell'ecologia acustica al proprio stile di vita, ed al mantenimento della qualità del suo paesaggio sonoro. Ma prima di tutto, abbiamo bisogno di vedere i "nostri dipendenti" che finalmente si occupano, seriamente, delle gravi crisi ecologiche che stanno devastando il nostro ambiente. Se lo facessero anche l'inquinamento acustico sarebbe dimezzato come per incanto.

Si devono rivedere e correggere, tenendo conto delle esigenze dello spazio acustico personale con un nuovo approccio alla progettazione sonora, le applicazioni industriali e della comunicazione elettronica, gli spazi architettonici, la domotica ed i servizi pubblici.

[1]Con urbanistica si intende quella disciplina volta a studiare un territorio, spesso una città, da un punto di vista geografico, economico e sociale, per arrivare a migliorarne le condizioni generali, attraverso la riqualifica di vecchie aree dismesse o la loro riorganizzazione spaziale o sociale.

Le teorie della psicologia ecologica ci ricordano che i suoni prodotti dalle cose inanimate, che popolano il nostro soundscape quotidiano, hanno il compito di fornirci informazioni importanti sullo spazio che ci circonda. A parte l'ovvia considerazione che, in un paesaggio sonoro con elevato rumore di fondo, queste informazioni possono andar perdute mettendoci in condizione di sbagliare i nostri movimenti o non capire quello che sta succedendo, queste teorie ci fanno auspicare una crescita di consapevolezza, da parte di coloro che per lavoro progettano le proprietà acustiche dei nuovi gadget o strumenti elettronici che "suoneranno" accanto a noi in futuro, modificando il nostro paesaggio sonoro. Per non parlare della responsabilità di chi progetta automezzi o macchinari. Trascurando l'ecologia del soundscape in cui introdurranno i loro prodotti, condizioneranno negativamente il nostro interagire con le cose e modificheranno irrimediabilmente le informazioni che dovremmo ricevere da esse. Cambieranno, in peggio, la nostra vita, in poche parole... Il paesaggio sonoro contemporaneo, per chi vive in città, è sempre più affollato da sorgenti audio e non soltanto da rumore. Nelle metropolitane come nelle stazioni, negli uffici come in macchina, perfino per la strada a causa di telefonini, riproduttori portatili ed annunci pubblicitari, siamo bombardati da un altro tipo di rumore di fondo, fatto di segnali audio e musicali, che naturalmente vanno a sommarsi con il rumore abituale.

Questo nuovo tipo di rumore, è una presenza difficilmente escludibile e costante nei paesaggi sonori urbani. L'ecologia del paesaggio sonoro è nelle mani di chi possiede la sensibilità necessaria per preoccuparsi del feedback audio degli oggetti e delle persone, speriamo soltanto di non restare in pochi e di avere la forza d'animo necessaria per far sentire la nostra voce in mezzo a tanta confusione!

Se vivessimo in una società ideale, dove non esiste inquinamento, di nessun tipo, adesso potrei provare a darvi delle idee per migliorare il nostro paesaggio sonoro. Scusate se alcune osservazioni vi sembreranno ovvietà, se avrete questa sensazione significa che siete abbastanza consapevoli dell'ambiente che vi circonda anche a livello sonoro. Vi assicuro che, per molti altri, non tutto è così ovvio come per voi. Cominciamo dagli ambienti in cui passiamo la maggior parte della nostra vita, chi più chi meno. Le nostre case.

La camera da letto ed il soggiorno, presupponendo che siano già adeguatamente isolati dai rumori esterni, se necessario con finestre a doppio vetro, sono le stanze più adatte ad interventi di sound design. Visto che, me compreso, non riusciamo a fare a meno di qualche tipo di televisione (dovremmo comunque imparare a gestirla ed a selezionare i programmi da vedere secondo criteri estetici e culturali), l'installazione di un impianto home theatre è consigliabile ed accessibile anche non disponendo di un alto budget di spesa. In seguito, potreste inoltre acquistare e riprodurre saltuariamente qualche documentario naturalistico o qualche CD o DVD audio di paesaggi sonori in 5.1, specialmente se vivete in città. Ovviamente se avete una casa ben posizionata, in campagna o nelle vicinanze del mare, vi basterà aprire le finestre ogni tanto...

Ecologicamente parlando, l'importante è tenere sotto controllo il volume di riproduzione del sistema per non invadere lo spazio acustico personale dei vostri vicini. Ricordatevi che il codice civile italiano prevede delle fasce orarie riservate al riposo, durante le quali non è permesso disturbare, anche se l'educazione civica vorrebbe che ce ne preoccupassimo sempre di non disturbare, non soltanto in alcune ore della giornata. Un'altra cosa che personalmente ho già fatto e continuo a sperimentare con successo, è disseminare un pò per tutta la casa semplici strumenti musicali. Lasciati qua e là, come per caso. Per chi ha i miei stessi gusti, può rappresentare anche una forma d'arredamento. Qualsiasi strumento va bene, ma quelli semplici come le percussioni intonate, le armoniche o gli strumenti a corda, hanno più possibilità di essere "strimpellati" da ospiti, bambini o curiosi. Tra l'altro questi strumenti hanno un volume sonoro accettabile anche a livello di ecologia del paesaggio, che in alcuni momenti potrà assumere delle connotazioni molto simpatiche e rilassanti, senza l'ausilio di nessun tipo di energia e con un salutare contenuto di armoniche e riflessioni naturali.

In cucina come in bagno il paesaggio sonoro è formato in gran parte dal rumore degli elettrodomestici di uso comune, escludendo altri tipi di rumore di origine organica che potrebbero banalmente essere oggetto di grevi barzellette... e che comunque rientrano negli aspetti in comune tra l'educazione e l'ecologia del soundscape. Lavatrici, lavastoviglie, asciugacapelli, rasoi elettrici, sono tutte fonti di rumore che di solito acquistiamo senza preoccuparci del design acustico dell'elettrodomestico. Ci rendiamo conto soltanto quando è troppo tardi di quanto possono essere fastidiosi, magari una notte in cui il rumore del frigorifero si trova ad essere occasionalmente più forte del rumore di fondo che abitualmente lo nasconde. Come ho già scritto in precedenza, anche i progettisti dovrebbero essere sensibilizzati e spronati ad occuparsi dell'impatto ecologico dei loro prodotti, magari arrivando ad associare suoni di qualità agli elementi elettronici (pulsanti, selettori e display) che costituiscono l'interfaccia uomo-macchina dell'elettrodomestico.

Noi consumatori dotati di una sensibilità ecologica, non ci rendiamo conto del potere che potremmo avere, esercitando di comune accordo il nostro diritto di scelta. Adesso non voglio mettermi a far politica, ma semplicemente adeguando le nostre scelte ed il nostro stile di vita al nostro modo di pensare, ma facendolo tutti senza eccezioni, potremmo costringere le grandi industrie, i fornitori di servizi ed i "nostri dipendenti" al governo a diventare degli ecologisti convinti, a meno di grandi perdite nei loro profitti ed interessi...

Cerchiamo di scegliere sempre i prodotti meno inquinanti e di utilizzare mezzi ed apparecchiature che sfruttano energia "pulita", non soltanto a livello sonoro, e spieghiamo a parenti ed amici, con entusiasmo, perchè lo abbiamo fatto. Nel nostro piccolo, avremo contribuito a rendere il nostro pianeta, un posto più sano in cui vivere.

Un altro luogo dove molti di noi passano gran parte della loro vita è l'abitacolo della loro automobile. Come abbiamo stabilito, stiamo ipotizzando una società ideale, quindi tralascerò di considerare il grave problema ecologico derivante dal tipo di carburante ancora utilizzato dai mezzi di trasporto privati. Detto questo, anche in questa tipologia d'ambiente è consigliabile l'installazione di un sistema audio multicanale, anche se il costo dell'operazione sarà probabilmente un pò più alto rispetto ad un home theatre casalingo. Stesso tipo di suggerimento anche per i contenuti, l'importante sarà nuovamente il rispetto di se stessi e degli altri, mantenendo un volume di riproduzione accettabile che non causi TTS (spostamenti temporanei della soglia) al sistema uditivo dei passeggeri. Sarebbe auspicabile però, da parte dei produttori di car audio system o delle case discografiche stesse, la rimasterizzazione dei principali successi mondiali in doppia o addirittura quadruplice versione, visto che le masterizzazioni attuali in 5.1 sono realizzate considerando un punto d'ascolto ottimale che si trova al centro dell'ambiente da "circondare" (dal brutto verbo inglese to surround). Nell'abitacolo di un automobile, nella posizione corrispondente al punto suddetto non dovrebbe starci nessuno. Con un sistema 3D-EST sarebbe possibile realizzare un mix ottimizzato per il posto del guidatore od uno degli altri posti disponibili, con una semplice operazione DSP.

Negli ambienti di lavoro, in cui siamo soltanto ospiti, logicamente la responsabilità ricade sulle istituzioni od i datori di lavoro, anche se credo che l'entità degli interventi di sound design fattibili sarebbe limitata dalle esigenze di operatività degli ambienti stessi. Mi preme far notare comunque, dal punto di vista ecologico, che nonostante esistano da tempo severe norme per la prevenzione degli infortuni sul lavoro, anche a livello acustico, non sempre queste norme sono adeguatamente rispettate, dai lavoratori stessi non abbastanza consapevoli dei rischi che corrono e dai datori di lavoro incoscienti.

Ma torniamo alla nostra società ideale ed agli interventi possibili di sound design che possiamo pensare, dato che gli altri disastri ecologici sono stati evitati e le relative cause eliminate (?!?!). Finalmente usciamo all'aperto.

Il contesto urbano è senza dubbio quello che più necessita di interventi. L'inquinamento acustico è più evidente, a causa della natura stessa dell'ambiente, un luogo costituito da strade e piazze destinato agli spostamenti degli abitanti ed all'esercizio delle loro attività giornaliere. I servizi pubblici di trasporto dovrebbero utilizzare automezzi a propulsione elettrica. In città dovrebbe essere consentito il transito ai mezzi a due ruote solo se si tratta di biciclette o motocicli elettrici (in una società ideale gli adulti consapevoli già utilizzano soltanto automobili non inquinanti e solo quando non possono farne a meno, no?). I riproduttori portatili, i car audio system e le radio dovrebbero essere utilizzati soltanto a basso volume e lontano da ospedali, scuole e case di riposo. Gli spettacoli, le manifestazioni ed i festeggiamenti di carattere storico, religioso e politico dovrebbero essere vietati se lesivi dello spazio acustico individuale del prossimo, e tenuti in aree a scarsa densità di popolazione, al di fuori degli orari previsti per il riposo dal codice civile, non di certo oltre la mezzanotte come succede regolarmente in Italia. A proposito, rientrano nella categoria precedente le manifestazioni di euforia incontrollata dovuti a presunti successi in campo calcistico o sportivo in generale!

Non che i musicisti come me siano meno fastidiosi alle volte... Ma la società, se veramente ideale come abbiamo supposto, dovrebbe anche ragionare in termini qualitativi e non quantitativi come nella realtà. Le materie umanistiche e l'arte in generale dovrebbero essere una delle prime preoccupazioni delle istituzioni, che sarebbero costrette a realizzare degli spazi appositi, gratuiti od a bassissimo costo, che permettano lo studio e l'esercitazione

degli strumenti acustici ed elettrici più rumorosi come piano-
forti, chitarre elettriche, batterie e strumenti a fiato. In realtà, i
conservatori, le scuole e gli istituti musicali non bastano, e non
tutti possono permetterseli, per di più.

Le oasi in cui rifugiarsi, in questi deserti di cemento, asfalto
e rumore, sono i parchi pubblici. Quando troppo vicini a strade
trafficate o mercati vocianti, per esempio, potrebbe essere utile
l'installazione di barriere trasparenti in materiale plastico sul lato
esposto al rumore. La trasparenza non pregiudicherebbe la visua-
le ed il materiale plastico sarebbe una barriera per le frequenze
medio-alte. Una variazione sul tema delle barriere, già in uso,
per proteggere le abitazioni situate accanto a strade di grande
comunicazione.

All'interno dei parchi, invece, sarebbe divertente ed edu-
cativo per tutti se fossero messi a disposizione degli strumenti
percussivi molto semplici, osservando delle altrettanto semplici
precauzioni per la sicurezza dei visitatori. Piccoli tamburi intonati
e non, inamovibili, legnetti e marimba con gli stick legati a delle
catenelle e cappucci in feltro o gomma morbida alle estremità.
Accanto alle necessarie altalene ed agli scivoli, delle voliere con
alcuni volatili, sempre che il livello di inquinamento atmosferico non sia dannoso per la salute degli animali, arricchirebbero
notevolmente il paesaggio sonoro. Il massimo sarebbe ricreare
delle arene d'ispirazione greca, con la stessa acustica ottimale,
per incentivare le persone ad esibirsi in spettacoli teatrali e ras-
segne di poesia. Nei parchi con personale di sorveglianza stabile
si potrebbe arrivare all'installazione di arpe eoliche, tamburi ad
acqua piovana e xilofoni a vento...

Scusate se mi ripeto, ma sarebbe necessario anche l'impegno,
da parte dei cittadini dotati di un buon livello di educazione civica,
nel far rispettare le regole dei parchi pubblici e nel pretendere,
dalle istituzioni, il controllo della sicurezza e del livello igieni-
co delle strutture stesse. Le poche volte in cui è stato realizzato

qualcosa di buono in questo ambito in Italia, dopo qualche mese le strutture sono state abbandonate in mano a vandali e proprietari di cani e gatti poco propensi all'uso della paletta e del sacchetto di plastica...

In periferia, in campagna o nelle vicinanze del mare la situazione migliora anche nella realtà, sempre ipotizzando l'educato rispetto, da parte di tutti, degli spazi acustici individuali delle persone. Il livello del rumore di fondo si abbassa e gli interventi del sound designer, che spesso si sente come a casa sua in questi casi, sono di tutt'altro genere. Possiamo e dobbiamo diventare più esigenti ed utilizzare parametri estetici per migliorare il soundscape che, finalmente, non dobbiamo più correggere. Possiamo tornare ad occuparci dell'aspetto artistico del nostro lavoro, valutando e, se nel caso, registrando paesaggi e singoli suoni forse in via d'estinzione. Mentre scrivo, sto ascoltando il ritmico battere degli zoccoli di un cavallo, che trascina un calesse, sulla strada davanti a casa mia e mi rendo conto che erano anni che non sentivo più quel suono.

Possiamo realizzare installazioni artistiche multimediali, collaborando con altri creatori, che possano diventare parte stabile del territorio e modificare, si spera in senso positivo, il paesaggio sonoro. Possiamo lottare per preservare il patrimonio acustico di determinati luoghi, sensibilizzare gli altri sull'importanza dell'ascolto e del silenzio, sempre più raro da trovare. Come il buio assoluto, che quasi sempre è negato dai bagliori di mille città aldilà dell'orizzonte.

Perché ciò che noi chiamiamo silenzio è in realtà un amalgama indistinto di suoni lontani, l'eco di voci e rumori portato dal vento, la vibrazione rarefatta ma pulsante di una cittadina o di un paese distante chilometri e chilometri, ma non è il vero silenzio. Qualcosa che ci si avvicina tantissimo lo sperimentano, purtroppo per loro, i non udenti, che tuttavia avvertono le vibrazioni del suono o del rumore con il loro corpo, con il tatto. Il silenzio profondo che si può sentire, e ti fa sentire vivo come non mai, i più fortunati riescono a sperimentarlo poche volte nella loro esistenza. Ma ci sono ancora molte persone a cui sentire il silenzio fa paura.

Non ho fatto un errore, ho scritto sentire il silenzio.

Perché il vero silenzio non esiste, in quanto coincide con la non-esistenza. Come il suono che esiste soltanto, filosoficamente, se c'è un essere vivente ad interpretarlo, così il silenzio più assoluto, perfetto, non sarebbe altro che la musica della vita, composta dai rumori prodotti dal nostro corpo, l'elettricità dei nostri nervi, il battito del nostro cuore... chissà, forse potendo vivere nel vero silenzio, saremmo di nuovo in grado di ascoltare, anche la voce della nostra coscienza.

Creare Paesaggi Sonori:
Estetica del paesaggio sonoro

Cercando la strada giusta per giungere ad una definizione preliminare sulla quale sviluppare un concetto d'estetica del paesaggio sonoro, mi sono imbattuto in molti studi che si occupano della ricezione dei suoni, riconsiderando in particolare l'importanza della loro destinazione d'uso. Ponendo al centro di tutto, nuovamente e finalmente, l'individuo.

L'estetica, che come sempre vive del rapporto diretto con altre discipline, viene a relazionarsi di conseguenza con la psicologia, la psico-acustica, la sociologia e si focalizza maggiormente sulle modalità d'ascolto, dell'interpretazione e della creazione. Non sono d'accordo con Enrico Fubini quando, nel suo pur fantastico libro "Estetica delle musica", Ed. Il Mulino, afferma che, questo tipo di studi, pongono l'accento soprattutto sull'esecuzione e l'interpretazione dell'opera, mettendo in secondo piano il momento della produzione e la consistenza dell'opera d'arte al momento della creazione. Secondo me, un estetica della ricezione deve tener conto anche del momento della creazione e della composizione, anzi, deve tener conto addirittura delle casualità che portano ad un ispirazione od alla fattibilità di un progetto, come parte integrante di un processo che permette la realizzazione di un nuovo tipo di espressione artistica. Saper cogliere l'occasione adatta per esprimersi e far giungere il proprio messaggio culturale ad un pubblico, il più vasto possibile, è senza dubbio un arte.

Nella società attuale, ormai schiava dell'immagine e di chi gestisce i mezzi di comunicazione, l'unica cosa che può veicolare liberamente un messaggio artistico, privo cioè di motivazioni accessorie legate all'interesse economico o politico, è una creazione che sfrutti i meccanismi stessi che normalmente la bloccherebbero. Mi rendo conto di ciò che affermo, una cosa difficilissima da realizzare, che poco fa ho appunto definito un arte. Ma per distruggere un organismo nocivo di enormi dimensioni è molto più efficace un virus di una palla di cannone. I mass media negli ultimi decenni hanno operato una lenta e subdola denigrazione della cultura che adesso alle masse appare come noiosa, "fuori moda" e anacronistica. Niente di più falso, si sa, ma fosse soltanto a livello inconscio tutti noi cadiamo periodicamente nella trappola, chi più chi meno, e sfoghiamo il nostro stress e le nostre frustrazioni quotidiane nel "panem et circenses" del caso. Dobbiamo lottare, scendere al loro stesso livello pur mantendo le nostre convinzioni. In Italia, ad esempio, Lucio Dalla usava promuovere i suoi dischi o CD (da vendere attraverso il sistema) con una canzoncina popolare di facile presa da passare in radio e televisione. Chi comprava il CD, e molti lo facevano soltanto per possedere la canzoncina, si trovava poi tra le mani delle gemme inestimabili, a volte addirittura, tanto per non uscire dal tema, degli stupendi paesaggi sonori come "Le rondini".

Le posizioni arroccate della sperimentazione o della musica concreta nel secolo scorso, pur di innegabile valore, sono riuscite soltanto a raggiungere uno sparuto gruppo di persone ed hanno fornito involontariamente materiale a chi aveva interesse ad imbrigliare la cultura. Qualcuno ha furbescamente provveduto a travisare il significato dei rumorismi di Russolo come dei silenzi di Cage. Ma si sa bene che il sistema migliore per far passare un santo per un diavolo, è estrapolare delle frasi da un discorso molto complesso e riferirle in tono ironico ad un pubblico ignaro.

Tener conto della destinazione d'uso dell'opera, della sua ricezione, al momento della creazione e composizione della stessa, non significa smettere di sperimentare, ma tornare ad un approccio già affrontato con successo da molti grandi della musica. Mozart su tutti. Dover fare spettacolo o comporre su commissione, non gli ha certo impedito di donare alla civiltà le sue grandi opere. Cerchiamo quindi di nascondere le nostre idee innovative tra le righe di un discorso apparentemente conforme alle necessità del sistema, e proponiamo noi stessi una destinazione d'uso per i nostri soundscape. Usiamo le etichette che il sistema cerca di affibbiarci per sconvolgere le loro convinzioni. Hanno bisogno di paesaggi sonori per i loro grandi ambienti, soundscape per i loro film, canzoni per le grandi masse, e non si preoccupano più da tempo di capire le note e le parole che usiamo. Le nuove generazioni di ascoltatori hanno un maggior livello di istruzione media, sufficente per capire quello che sta succedendo. Alcuni si sono appena ritrovati adulti e già stanchi del ciarpame inutile che la televisione e gli altri mezzi di comunicazione gli hanno propinato per un terzo della loro vita. Sono pronti e vogliono crescere.

Infatti frequentano sempre più i grandi portali della rete Infernet (non è un refuso, mi piace chiamarla così) ed i pochi spazi disponibili per la cultura (10 per cento del traffico globale) attraverso MySpace, YouTube, LuLu od i gruppi tecnici di Yahoo. Reinterpretano, doppiano, girano in digitale parodie e proclami, cercano in ogni modo di farsi sentire e di sentirsi vivi. Tanto per scherzarci sopra (ridere rende liberi) potremmo irriverentemente affermare che il famoso "Cogito Ergo Sum" si è trasformato in "Digito Ergo Sum"...realmente virtuali o virtualmente reali? Ma poi internet, è veramente così libera come dicono? Meglio non uscire dal tema.

Comunque considerare la destinazione d'uso, cioè le modalità di ricezione dell'opera d'arte che ci accingiamo a creare già al momento della sua nascita, mi sembra saggio e consigliabile, quando si può fare. Logicamente questo "consiglio" non deve diventare una regola immutabile, l'ispirazione deve mantenere quel che di irrazionale ed imprevedibile che talvolta produce opere d'arte "viventi" di vita propria, che sembrano soltanto "usare" l'artista per venire al mondo. Ma chi crea sa che spesso tra l'idea, la visione, l'intuizione e la forma che l'autore deciderà di assegnargli, per renderla fruibile dai suoi simili, c'è un abisso incolmabile. Se durante la trasposizione, durante il lungo viaggio dal mondo delle idee alla realtà, l'autore trova il tempo di pensare anche agli aspetti legati alla ricezione dell'opera, non mi sembra in fondo che faccia niente di diverso da quello che fa regolarmente cercando di dare una forma intuibile alla sensazione originale che aveva provato.

L'estetica della ricezione, attraverso le parole di Carl Dahlhaus, aveva preannunciato la fine della concezione dell'opera come essenza immutabile e ferma nel tempo già nel 1980. L'opera d'arte musicale, ed a maggior ragione il paesaggio sonoro, offrendosi all'interprete, che potrebbe essere un esecutore come un ascoltatore, rinasce e si trasfigura in migliaia di nuove forme, rivelando od acquisendo nuovi significati. La sola sua presenza in un tempo diverso da quello della sua nascita crea nuove destinazioni d'uso per l'opera stessa, che a volte addirittura si frammenta, generando nuove opere come per mitosi, vestendo gli abiti di nuovi stili e forme d'espressione derivanti dallo sviluppo tecnologico e quindi dall'avanzare del tempo. Campionamenti, arrangiamenti più o meno plugged, cover, versioni rock di brani classici, versioni classiche o jazz di brani popolari, secondo me sono soltanto nuove vesti per l'opera originale che, sotto mentite spoglie, riesce ancora a trasmettere il suo messaggio originale alle nuove generazioni.

O forse cambia anche il messaggio? La musica è un'esperienza sensoriale, universalmente funzionale perchè accede direttamente al cervello umano, sollecitando neuroni od aree particolari senza il tramite di un altro linguaggio. Ma il tipo di esperienza, globalmente, cambia col cambiare dell'ordine di successione dei singoli eventi della sequenza di sollecitazioni. Cambiare le posizioni relative di temi, armonie e ritmi è un pò come cambiare il succedersi delle scene durante il montaggio di un film. Se vediamo una scalcinata banda di disperati che prepara un furto improbabile, elaboriamo l'informazione e ci chiediamo se riusciranno nel loro intento e come. Ma se ancora prima vediamo che uno dei disperati è in un commissariato, in divisa e sta parlando con i suoi colleghi, elaboreremo diversamente le due scene e la nuova informazione che dedurremo, cambierà anche le domande che sorgeranno spontanee. Il tentativo dei disperati è destinato a fallire, probabilmente, ma quando e perché? L'infiltrato sarà scoperto?

Allo stesso modo, da diversi accostamenti di rumori e suoni, e dal tipo di successione nel tempo degli stessi, scaturiscono sempre nuovi significati ed il messaggio cambia, da quello voluto dall'autore a quello immaginato dall'interprete. Ma non finisce qui. Come non considerare la soggettività del significato? Le intenzioni dell'autore e dell'interprete possono essere disattese dalla ricezione falsata, per una parte del pubblico, a causa di motivazioni culturali o sociali non previste. E torniamo alla teoria della ricezione.

Tener conto della destinazione d'uso dell'opera, in un periodo storico come il nostro nel quale tutto dev'essere "consumato" in fretta e sembra sempre già visto e già sentito, diventa secondo me fondamentale, paradossalmente, proprio per garantire un'integrità dell'opera stessa fino al momento della ricezione, per sua stessa natura soggettiva.

Esemplificando, i paesaggi sonori di un film, ed in misura limitata nel tempo quelli di un installazione fissa, potranno contare sull'immutabilità dei loro aspetti complementari per prolungare al massimo la loro esistenza, nella forma originale con cui sono stati composti. I soundscape del film, resteranno immutabili nel tempo grazie alla registrazione sui supporti digitali per la distribuzione del film stesso, ed anche se rielaborati o addirittura ricomposti in altri contesti, resteranno sempre disponibili anche in versione originale. Le attrezzature utilizzate per la messa in opera dei paesaggi sonori, come l'importanza degli stessi in relazione all'unicità del luogo dove risiederanno, anche se per un limitato periodo di tempo, garantiranno l'esistenza in forma unica ed originale dell'installazione.

Una soundscape composition destinata alla distribuzione via internet, CD o DVD audio, sarà immancabilmente soggetta a campionamenti, frazionamenti ed all'ascolto in condizioni e situazioni completamente imprevedibili. La versione originale resterà immutabile nel supporto, d'accordo, ma la capacità "schizofonica", cosìddetta da Truax, della distribuzione digitale di separare i suoni dalla loro fonte e "scaraventarli" in migliaia di ambienti diversi senza nessuna cognizione estetica o semplicemente logica, fa perdere ogni contatto tra il contesto logistico, sociale e culturale che ha originato l'opera e le migliaia di significati che la stessa andrà ad assumere, in base alle modalità di ricezione dei fruitori. Una trasfigurazione continua, praticamente, con la conseguente ed inevitabile perdità d'identità del paesaggio sonoro.

Nell'antica Grecia, gli spettacoli teatrali sovente erano composti in base alle caratteristiche del luogo dove sarebbero stati rappresentati. Non sarebbe interessante rielaborare questa pratica in chiave moderna? La creazione dei paesaggi sonori in parchi pubblici e località turistiche, utilizzando strumenti naturali come arpe eoliche o percussioni a disposizione dei visitatori, rappresenta un affascinante compromesso artistico che garantisce la perenne presenza di un opera mai uguale, a livello di tipologia di messaggi trasmessi, ma in un certo senso sempre irripetibile ed unica. Il pubblico stesso partecipa alla creazione dell'opera, generandone una versione irripetibile perché quel giorno, quelle condizioni atmosferiche e quel contesto socio-culturale non torneranno mai più. Si potranno poi realizzare installazioni simili in altri luoghi, ma ognuna sarà sempre diversa dalle altre, per ovvi motivi.

Estremizzazioni a parte, dobbiamo riscoprire l'importanza del luogo di esecuzione o riproduzione dell'opera musicale per donare nuova vita a questo tipo di espressione artistica. Comprendere tutti i generi musicali e le opinioni del pubblico in fatto di rumore per poter valutare quelli più adatti al paesaggio sonoro che andremo a realizzare, nel rispetto dell'estrazione socio-culturale degli ascoltatori, può portare alla realizzazione forse inconsapevole di un'opera d'arte simile, per importanza e presenza nell'immaginario collettivo di un gruppo culturale, alle grandi opere del passato. Monumenti, quadri, sinfonie che hanno regalato numerose esperienze estetiche a svariate generazioni d'individui. Un paesaggio sonoro, ai massimi livelli d'espressione artistica, può modificare radicalmente l'ambiente in cui avrà modo d'esistere, e di conseguenza, può migliorare la qualità della vita di chi avrà la fortuna di viverlo ed ascoltarlo personalmente.

Ma come affrontare il problema della soggettività del giudizio estetico? Forse smettendo i logori abiti del compositore, musicista od autore al di là del bene e del male, depositario della conoscenza assoluta e solo giudice del suo operato. Rinunciando a qualsiasi tipo di catalogazione, uscendo dalla gabbia dei generi musicali e mettendosi, finalmente, al servizio del pubblico e delle opere d'arte stesse. Opere che potrebbero essere sempre di diverso genere, se la loro ragione d'essere tornasse a dipendere dalla loro destinazione d'uso, com'era in passato per la lirica, la sinfonica, i Lieder. Per arrivare a questo risultato, concepire qualsiasi composizione musicale come un paesaggio sonoro potrebbe indicare la strada dove incontrare il pubblico, quello senza distinzioni di classe o di ceto sociale, che fischiettava, andando a lavorare od in banca, le opere di Verdi o le sinfonie di Beethoven. Non a caso il compositore classico più conosciuto in Italia, al momento, è Ennio Morricone, le cui opere più conosciute possono essere considerate, proprio in virtù della loro destinazione d'uso cioè i film, come dei soundscape prevalentemente musicali.

Tutto questo, nella migliore delle ipotesi, potrebbe portare ad un ribaltamento della scala di valori utilizzata per definire il livello artistico di un compositore e sound designer. Attualmente viene considerato più preparato colui che possiede uno "stile" ben definito, una sorta di ricetta magica che funziona nella maggior parte dei casi e sulla quale, spesso, l'artista finisce per adagiarsi. Grandi artisti, invece, hanno visto tramontare la loro fama soltanto perché si sono evoluti ed hanno cambiato quell'insieme di caratteristiche che li rendeva "riconoscibili" dal pubblico indipendentemente dall'opera in esame. Un esempio che tutti possono valutare, il grande e compianto Lucio Battisti nelle sue ultime opere musicali. La nuova scala di valori, dovrebbe invece riconoscere un valore aggiunto a quegli artisti che riescano a realizzare opere d'arte indipendentemente dalla destinazione d'uso delle stesse. Artisti completi, secondo il mio punto di vista, che siano in grado di trasmettere emozioni e divertire alla sagra del tortello di campagna come alla Scala. Che sappiano arrivare al cuore del pubblico, con un paesaggio sonoro per un parco a tema come con un soundscape per il teatro.

Ricapitolando, la valutazione estetica di un paesaggio sonoro va dunque ricercata negli effetti sentimentali, psicologici ed educativi che il paesaggio suscita nei suoi ascoltatori od abitanti. Dipende quindi dal contesto socio-culturale in cui viene realizzato e si lega, a volte inseparabilmente, al luogo stesso della sua esistenza, che può essere diverso da quello della sua creazione. Anzi, l'autore o sound designer è costretto ad aggiungere un passaggio in più nella catena realizzativa dell'idea originale, un passaggio che preveda e soddisfi le necessità dettate dalla destinazione d'uso del soundscape. Talvolta potrebbe rendersi necessario uno studio approfondito della località e del relativo background culturale della zona (reale o virtuale) per una corretta interpretazione di tali necessità e caratteristiche. L'equilibrio, nella ripartizione degli spazi sonori individuali, è cruciale per la ricezione corretta dei messaggi da parte di tutti gli ascoltatori, con l'eccezione dei soundscape per il video dove la destinazione d'uso prevede un singolo fruitore "globalizzato". In tal caso l'autore dovrà ricercare, nel pensiero e nelle motivazioni del regista e dello sceneggiatore, lo stereotipo del gruppo di ascoltatori a cui essi vogliono rivolgere la loro comunicazione, e dar forma alla sua idea in modo tale da farle incontrare i gusti del pubblico, senza però stravolgerla del tutto.

Il sound designer del ventunesimo secolo, di conseguenza, dovrà sviluppare un senso estetico al di sopra dei generi e delle parti in causa, che sappia far nascere un opera d'arte in qualsiasi contesto, commerciale o culturale. Mantenendo il contatto con la realtà, potrà costruire un ponte tra il mondo delle idee e dei sogni e quello quotidiano del suo pubblico, per cercare di far provare al maggior numero di persone, che sono universi diversi e distanti, una nuova esperienza estetica in comune.

Potrà riuscirci soltanto recuperando dal passato una personalità istrionica, istintiva, libera dai condizionamenti non voluti, ma schiava del pubblico che sceglierà di servire, di volta in volta. Necessiterà di una formazione di nuovo tipo, a trecentosessanta gradi, che abbatta le assurde frontiere, piantate come lame, nel corpo unico della musica. Una formazione che comprenda elementi d'informatica, psicologia, sociologia e filosofia, ed un punto di vista poliedrico, sfaccettato e tollerante.

Non soltanto gli artisti dovrebbero rivalutare il concetto di poliedricità, ma anche gli interpreti e gli ascoltatori. Un pubblico dotato di maggiore educazione musicale ed acustica, dovrebbe abbandonare gli arrugginiti canali di distribuzione tradizionali e spostare la propria attenzione ad Internet ed alle autoproduzioni, dove la cultura è nuovamente coltivata ed apprezzata e, soprattutto, accessibile a (quasi) tutti.

Nella grande varietà di proposte, dovrebbe saper individuare quegli artisti che non si servono di spot pubblicitari, video senza trama da passare ad MTV, riviste di gossip e spot radiofonici, ma quegli artisti e sound designer che realizzano opere originali e fuori dagli schemi per il bisogno innato nell'artista di esprimersi e comunicare.

Provate ad ascoltare qualcosa di nuovo, magari dal vivo, e cercate di aprire la vostra mente, svegliare i vostri sensi, protendetevi verso l'ascolto e la comprensione dell'insolito. Troverete dall'altra parte l'anima sensibile di un artista che sta cercando di comunicare con voi.

Bibliografia

BARBANTI Roberto - L'arte nell'epoca della barbarie - Essegi, Ravenna 1993.

BEGAULT Durand R. - 3-D Sound for Virtual Reality and Multimedia - NASA STI, Moffett Field, California 2000. Gratuito, pdf scaricabile all'indirizzo internet:

http://hsi.arc.nasa.gov/publications/Begault_2000_3d_Sound_Multimedia.pdf

BENJAMIN Walter - L'opera d'arte nell'epoca della sua riproducibilità tecnica - Einaudi, Torino 1966.

CERAMI Vincenzo - Consigli ad un giovane scrittore - Garzanti 2002.

C.J. MOORE Brian - An Introduction to the Psychology of Hearing - Elsevier Ltd., London 2004.

DAHLHAUS Carl, EGGEBRECHT Hans H. - Che cos'è la musica? - Il Mulino, Bologna 1997.

DICK Philip K. - Blade Runner - Fanucci Editore 2004.

FUBINI Enrico - Estetica della Musica - Il Mulino, Bologna 2003.

GAARDER Jostein - Il mondo di Sofia - Longanesi, Collana la Gaja Scienza, 1994.

GAIMAN Neal - American Gods - Mondadori 2003.

GISOTTI Giuseppe - Ambiente urbano. Introduzione all'ecologia urbana. Manuale per lo studio e il governo della città - Flaccovio Dario Editore 2007.

HODGKINSON Tom - L'ozio come stile di vita - BUR Biblioteca Univ. Rizzoli 2006.

MAYR Albert - Musica e Suoni dell'Ambiente - CLUEB, Bologna 2001.

McADAMS Stephen, BIGAND Emmanuel - Thinking in Sound - Oxford University Press, Oxford 2001.

McKEAN Dave, GAIMAN Neal - Copertine Sandman - Magic Press 2002.

PUCKETTE Miller - Theory and Techniques of Electronic Music - Gratuito, scaricabile a questo indirizzo:

http://www-crca.ucsd.edu/~msp/techniques.htm

RIZZOLATTI Giacomo, SINIGAGLIA Corrado - So quel che fai - Raffaello Cortina Editore, Milano 2006.

RUSSOLO Luigi - L'arte dei Rumori - Milano, Edizioni Futuriste di "Poesia", 1916.

SCHAFER R. Murray - Il Paesaggio Sonoro - Ricordi/LIM, Milano/Lucca 1985.

SCHON Daniele, AKIVA-KABIRI Lilach, VECCHI Tomaso - Psicologia della Musica - Le Bussole, Carocci, Roma 2007.
SIENKIEWICZ Bill - Stray Toaster - Collana All American Comics, Comic Art, Roma 1989.

SLOBODA J. - La Mente Musicale - Il Mulino, Bologna 2002.

TRUAX Barry - Handbook of Acoustic Ecology - Vancouver, A.R.C. Publications, 1978.

Per ampliare questa bibliografia visitate regolarmente:

http://www.soundesign.info/

E adesso?

Che ne dite di una breve FILMografia?

Perchè no, ma la scelta voglio effettuarla principalmente dal punto di vista acustico o musicale... a proposito, i film sono tutti reperibili su Amazon...

FANTASIA 60th Anniversary Edition di Walt
Disney, con Leopold Stokowski, Bela Lugosi, Mickey
Mouse, e la Philadelphia Symphony Orchestra (DVD
- Nov 14, 2000).

BLADE RUNNER, musiche di Vangelis, con Harri-
son Ford, Rutger Hauer, Sean Young, ed Edward James
Olmos (DVD - Sep 5, 2006)

THE SERGIO LEONE ANTHOLOGY (A Fistful
Of Dollars / For A Few Dollars More / The Good,
The Bad And The Ugly/Duck, You sucker) con Clint
Eastwood, James Coburn, Rod Steiger, and Eli Wallach...
e soprattutto con le musiche di Ennio Morricone, sound
engineer Elio Pacella, Oscar De Arcangelis, Guido
Ortenzi, Vittorio De Sisti, Michael Billingsley. (DVD
- Jun 5, 2007).

IL GLADIATORE, di Ridley Scott, musiche di Hans
Zimmer, Foley artist John Cucci, James Moriana, Dan
O'Connell, Jeffrey Wilhoit, con Russell Crowe, Joaquin
Phoenix, Connie Nielsen, ed Oliver Reed (DVD - Aug
19, 2003).

LA LEGGENDA DEL PIANISTA SULL'OCEANO musiche composte e dirette da Ennio Morricone, sound engineer Roberto Petrozzi, supervisore del sound editing e direttore dell'adr a Roma Michael Billingsley, un film di Giuseppe Tornatore, 1999.

CLOSE ENCOUNTERS OF THE THIRD KIND (Widescreen Collector's Edition) soundtrack di John Williams, con Richard Dreyfuss, François Truffaut, Teri Garr, e Melinda Dillon (DVD - Aug 27, 2002).

CARNIVALE, serie TV HBO, 24 puntate, musiche di Jeff Beal, vari sound designer tra gli altri Peter Bergren e John Chalfant, 2003-2005.

PINK FLOYD - THE WALL 25th Anniversary (Deluxe Edition) con Bob Geldof, Christine Hargreaves, James Laurenson, ed Eleanor David (DVD - Jan 25, 2005)

BALLA COI LUPI - Musiche di John Barry, Sound Designer Robert Fitzgerald, Foley Artist Dan O'Connell, con Kevin Coastner, Kirk Baltz, Tantoo Cardinal, Maury Chaykin, and Tom Everett (DVD - 1990)

ALLA RICERCA DI NEMO (PIXAR) - di Andrew Stanton, musiche di Thomas Newman, Sound Designer Gary Rydstrom, Foley Artist Dennie Thorpe e Jana Vance, Information systems manager & lead Alex Stahl, 2003.

9 781847 998996